Ali Rebeihi / **Grégory Cohen**

PARTAGE

70 RECETTES SIMPLES ET CONVIVIALES

LE LABEL YLIGA

C'est une initiative portée par plusieurs maisons d'édition, qui souhaitent faire de ce label une marque de fabrique et de traçabilité d'ouvrages édités de façon la plus respectueuse possible de l'environnement.

On ne peut pas vous promettre le « zéro déchet » ou le « zéro pollution » mais on vous propose des ouvrages plus éco-responsables. Une nouvelle manière de lire le monde grâce à nous tous, éditeurs, auteurs, imprimeurs, distributeurs, libraires, lecteurs.

Parce que le livre doit servir la planète sans l'abîmer !

- Des livres qui traitent d'environnement, de bien-être, de « bien-manger », de conscience écologique, sociale et politique, des livres pour les adultes et pour les enfants, des livres qui donnent du sens en plaçant notre planète au cœur de notre quotidien, de notre réflexion.
- **Moins de papier :** des formats d'ouvrage choisis pour leur très faible gâche de matière.
- **Un papier certifié** aux normes environnementales FSC et PEFC (des écolabels garantissant une gestion durable des forêts).
- **Moins de produits chimiques :** utilisation d'encres végétales, absence de vernis et de pelliculage issu de la pétrochimie.
- **Pas de couverture cartonnée ni de film plastique** protégeant les ouvrages.
- **Impression simultanée** des couvertures d'ouvrages de même format.
- **Impression en France** à moins de 500 km de nos entrepôts. Pas d'impression en Asie, pas de transport aérien.
- **Des process repensés :** suppression des tirages papier pour contrôler les étapes de fabrication avec le photograveur et l'imprimeur, facturation 100 % numérique, diminution des services de presse papier, une communication essentiellement numérique.

* Yliga, pourquoi ce nom ? C'est le nom, en langue moré, d'un arbre aux vertus médicinales qui vit entre le Sahara et l'Afrique tropicale et qui, comme d'autres essences, a su s'épanouir dans des conditions environnementales difficiles. Il est, pour nous, un symbole de l'adaptation nécessaire et possible, de même qu'un exemple d'exploitation vertueuse des ressources naturelles.

YLIGA - ÉCO-RESPONSABLE -

Ali Rebeihi / Grégory Cohen

PARTAGE

70 RECETTES SIMPLES ET CONVIVIALES

AVEC LA COLLABORATION DE LAURENCE DEVILLAIRS

PHOTOGRAPHIES
GUILLAUME CZERW

STYLISME
SOPHIE DUPUIS-GAULIER

Éditions
de La Martinière

Introduction

ALI REBEIHI

Comme le disait il y a deux mille ans ce bon vieux Sénèque, « un bien n'est agréable que si on le partage ». À table, c'est l'une des règles fondamentales de la commensalité, du plaisir de se retrouver autour d'un plat.
Partager : « Diviser en éléments pour les distribuer », nous dit le Robert.
Quel paradoxe que le partage : diviser pour rassembler – que ce soit des amis autour d'un pique-nique, notre famille lors d'un déjeuner dominical, ou réunir des inconnus à la bonne franquette à la table commune d'un gîte de montagne ou d'une maison d'hôte.

Lors du premier confinement, en mars 2020, une idée s'est vite imposée : proposer à la radio, dans l'émission *Grand bien vous fasse* (sur France Inter), une recette quotidienne, un joyeux rituel pour conjurer l'angoisse de la crise sanitaire, et réunir les auditeurs autour d'un plat concocté par le chef Grégory Cohen. Il accepta de jouer le jeu, bénévolement, avec cœur et panache.
Des recettes simples, à réaliser seul, entre amis ou en famille, des recettes de saison, et surtout une cuisine réconfortante. Des plats qui font du bien, certains appellent cela *« comfort food »*. En langage technique : des plats qui activent le système de récompense du cerveau et des hormones comme la dopamine ou l'ocytocine. Des mets plus ou moins reliés à notre mémoire autobiographique. Rien de plus que la fameuse madeleine de Proust.
Souvenez-vous :

« [...] je portai à mes lèvres une cuillerée du thé où j'avais laissé s'amollir un morceau de madeleine. Mais à l'instant même où la gorgée mêlée des miettes du gâteau toucha mon palais, je tressaillis, attentif à ce qui se passait d'extraordinaire en moi. Un plaisir délicieux m'avait envahi, isolé, sans la notion de sa cause. [...]
Et tout d'un coup le souvenir m'est apparu. Ce goût, c'était celui du petit morceau de madeleine que le dimanche matin à Combray (parce que ce jour-là je ne sortais pas avant l'heure de la messe), quand j'allais lui dire bonjour dans sa chambre, ma tante Léonie m'offrait après l'avoir trempé dans son infusion de thé ou de tilleul. La vue de la petite madeleine ne m'avait rien rappelé avant que je n'y eusse goûté »
Marcel Proust, *Du côté de chez Swann*, Paris, Flammarion, 1987 (« GF »), p. 140-145.

Quel paradoxe que le partage : diviser pour rassembler, que ce soit des amis autour d'un pique-nique, notre famille lors d'un déjeuner dominical, ou réunir des inconnus à la bonne franquette à la table commune d'un gîte de montagne ou d'une maison d'hôte.

Créer des souvenirs communs, l'une des lignes de force de ce rendez-vous quotidien. Se souvenir de ces lasagnes ou de ces crêpes mille trous préparées ensemble lors de cette période singulière du confinement.
Dans le prolongement de cette expérience radiophonique, nous avons eu envie de proposer aux lecteurs des recettes guidées par le plaisir de se réchauffer cœur et âme, en ces temps instables, plus que jamais liquides, sans phare ni balises stables, pour parler comme le sociologue Zygmunt Bauman.

Oui, ces recettes furent de modestes repères tout au long de ces confinements qui nous plongèrent dans la sensation de vivre dans une série de science-fiction, *La Cinquième Dimension* ou *Black Mirror*. Faire la cuisine pour les autres, partager avec eux un repas, ancre chacun de nous dans une réalité commune, sensible, chaleureuse, comme dans le beau film de Gabriel Axel, *Le Festin de Babette*, adapté du livre de la romancière Karen Blixen.

Babette, fuyant la Commune de Paris, réfugiée dans une pieuse communauté protestante, investit son gain à la loterie pour préparer un repas d'anthologie à des convives émus, ressuscités par la magie du partage.

À votre tour de partager la vie, celle qui naît du réconfort de ces recettes imaginées pour le meilleur !

Sommaire

Sommaire

Le goût de l'enfance

Le goût de l'enfance

ALI REBEIHI

Né au XIVe siècle, le flan pâtissier reste l'un de nos desserts préférés, à la fois moelleux, sucré et lacté. Servi lors du couronnement d'Henri IV d'Angleterre, il a été exigé par la reine Élisabeth II pour son 80e anniversaire ! Cette douceur régressive évoque la chaleur du sein maternel, le souvenir des goûters dégustés en sortant de la boulangerie avec l'argent de poche de la semaine : la quintessence des saveurs d'enfance...

Bien souvent, devenus adultes, nous avons tendance à oublier la « vive clarté » de nos jeunes années, mais, comme par magie, il suffit d'une odeur, d'une flaveur, quand le goût et l'odeur se font écho, pour que surgissent des réminiscences enfantines en dégustant une madeleine au citron, un riz au lait vanillé parfumé au zeste d'orange, une daube provençale fondante, un couscous à l'orge rustique ou un bifteck-frites, devenu mythologie nationale par la grâce de Roland Barthes...

Des souvenirs qui nous font sourire de nostalgie, avec, en toile de fond, le doux regret de ne jamais pouvoir retrouver exactement le goût inimitable de ces recettes d'enfance.

Car le meilleur gâteau au chocolat restera pour toujours celui de nos parents, grands-parents, oncles ou tantes, même s'il était un peu raté, brûlé ou pas assez cuit.

Nous sommes presque tous à la recherche des saveurs et des parfums perdus, à l'image du sévère critique gastronomique Anton Ego, dans le film *Ratatouille*, qui retrouve son humanité en dégustant une ratatouille digne du vert paradis de son enfance, attablé au restaurant d'Alfredo Linguini.

Une saveur d'enfance, ce n'est pas seulement une blanquette longuement mijotée dans une cocotte en fonte. Ça peut aussi être un quatre-quarts acheté au supermarché du coin, ou de la purée Mousseline®, tous ces souvenirs et scènes qui nous renvoient à cette enfance si bien dessinée par Sempé.

Ces plats venus du tréfonds de nos jeunes années jouent un rôle fondamental dans notre bien-être, surtout quand nous avons besoin de réconfort, – en bon français, on appelle ça la *comfort food*. Comme il est réjouissant de transmettre à notre tour ces recettes à ceux qui, plus tard, se souviendront de notre flan maison, avec plus ou moins de bonheur, mais avec ce supplément d'âme qui fait le sel des plats venus de l'âge tendre !

”

Nous sommes presque tous à la recherche des saveurs et des parfums perdus.

“

Ali Rebeihi

Risotto de coquillettes, jambon, dés de comté et parmesan flambé

GRÉGORY COHEN

4	5 min	15 min
PERSONNES	PRÉPARATION	CUISSON

LE + DU CHEF

Pour obtenir de l'eau bouillante rapidement, faites chauffer la casserole vide à feu vif. Faites chauffer l'eau dans une bouilloire et versez-la dans la casserole brûlante. L'eau va bouillir instantanément.

INGRÉDIENTS

75 cl de bouillon de poule
250 g de coquillettes
15 cl de crème liquide
100 g de comté affiné 24 mois (une moitié râpée, l'autre coupée en petits dés)
75 g de parmesan en copeaux
2 tranches de jambon d'environ 1 cm d'épaisseur, coupées en petits dés
25 g de beurre demi-sel
1 oignon jaune
1 gousse d'ail
1 cuil. à café d'huile d'olive
1 bouchon d'alcool ambré (idéalement du brandy)
Fleur de sel et poivre noir

Dans un faitout, faites infuser à feu doux l'huile d'olive, le beurre et la gousse d'ail écrasée.

Dans une casserole, portez à ébullition le bouillon de poule.

Découpez finement l'oignon en petits cubes.

Retirez la gousse d'ail du faitout, et mettez l'oignon à rissoler. Lorsqu'il devient translucide, ajoutez les coquillettes pour faire colorer le tout 1 à 2 minutes. Mouillez à hauteur avec une louchée de bouillon de poule. Laissez cuire en mélangeant jusqu'à absorption totale. Ajoutez du bouillon par petites quantités et continuez la cuisson pendant 7 à 9 minutes.

Lorsque les coquillettes sont cuites, retirez du feu et ajoutez les 50 g de comté râpé. Remuez pour le faire fondre.

Dans une casserole, faites fondre le parmesan, ajoutez l'alcool et flambez le tout.

Ajoutez ensuite la crème liquide. Versez ce mélange dans les coquillettes, elles seront ainsi plus crémeuses, avec un goût ambré.

Disposez le risotto de coquillettes dans les assiettes. Ajoutez les dés de comté, les dés de jambon et rectifiez l'assaisonnement.

Hachis Parmentier

GRÉGORY COHEN

4 à 6 PERSONNES

15 min PRÉPARATION

15 min CUISSON

INGRÉDIENTS

800 g de purée de pommes de terre
500 g de viande de bœuf
40 cl de bouillon de légumes
2 oignons
2 carottes
1 cuil. à café de concentré de tomate
QS de chapelure ou de fromage râpé
Sel et poivre

Préchauffez le four à 200 °C (th. 6-7).

Pelez et hachez les oignons. Faites-les revenir dans une poêle avec une noisette de beurre jusqu'à légère coloration. Ajoutez les carottes coupées en petits dés. Versez le bouillon de légumes et le concentré de tomate. Amenez doucement à ébullition en remuant et laissez réduire de moitié.

Hachez grossièrement le bœuf au couteau. Ajoutez-le dans la poêle et laissez mijoter 8 minutes, pour le réhydrater avec le bouillon. Salez et poivrez.

Dans un plat à gratin, déposez une fine couche de purée, puis la viande et le reste de la purée. Recouvrez le hachis de chapelure ou de fromage râpé. Enfournez pour 15 minutes.

»

Ces plats venus du tréfonds de nos jeunes années jouent un rôle fondamental dans notre bien-être, surtout quand nous avons besoin de réconfort.

«

SURFACE

Chips or
History
Belgium
United Kingdom
Origin & details

Croquettes de poisson

GRÉGORY COHEN

12	15 min	30 min	40 min
CROQUETTES	PRÉPARATION	REPOS	CUISSON

LE + DU CHEF

Le panko est une chapelure japonaise qui apporte un côté plus croustillant et aérien. Si vous n'en avez pas, la chapelure traditionnelle que l'on obtient simplement en râpant un vieux pain dur fera très bien l'affaire.

INGRÉDIENTS

- 500 g de filet de poisson blanc type merlu ou cabillaud
- 250 g de pommes de terre
- 20 cl de crème liquide
- 100 g de panko
- 50 g de graines de sésame
- 25 g de beurre
- 1 oignon nouveau
- 1 œuf
- Le zeste de 1 citron vert
- 4 branches de persil plat
- 2 cuil. à soupe d'huile d'olive
- 1 tige de citronnelle fraîche
- 1 pincée de piment d'Espelette
- Sel et poivre du moulin

Lavez les pommes de terre, pelez-les et faites-les cuire dans de l'eau salée pendant 30 minutes.

Écrasez les pommes de terre et mélangez-les avec la crème liquide et le beurre. Salez et poivrez.

Dans une poêle, faites revenir l'oignon ciselé avec l'huile d'olive et la citronnelle entière, puis faites cuire les filets de poisson 5 minutes de chaque côté.

Retirez du feu, enlevez la citronnelle et mélangez à la purée de pommes de terre. Ajoutez le persil ciselé finement, le piment d'Espelette et du zeste de citron vert. Salez, poivrez et mélangez à nouveau, mais cette fois énergiquement, pour obtenir une préparation homogène.

Farinez vos mains et réalisez des boules ou des bâtonnets selon votre envie, et réservez au frais 30 minutes.

Préparez une assiette d'œuf battu, une autre de graines de sésame et une autre de panko ou de chapelure. Farinez intégralement les croquettes et trempez-les successivement dans l'œuf, les graines de sésame, l'œuf à nouveau, puis le panko. Dans une sauteuse ou une poêle, faites frire à feu vif pour obtenir une belle coloration et un beau croustillant.

Zestez un peu de citron sur la préparation et ajoutez du piment d'Espelette.

Pommes dauphine multicolores

GRÉGORY COHEN

4 à 6 PERSONNES | **20 min** PRÉPARATION | **40 min** CUISSON

INGRÉDIENTS

600 g de pommes de terre à chair ferme (amandine ou charlotte)
50 cl d'eau
300 g de farine
200 g de carottes
200 g de courgettes
1 cuil. à soupe de fécule de pomme de terre
Beurre
Fleur de sel, poivre du moulin et noix de muscade

Pour la pâte à choux

8 gros œufs
50 cl d'eau
200 g de beurre
300 g de farine
1 cuil. à café de sel

Dans 3 casseroles différentes, faites bouillir dans un grand volume d'eau salée les pommes de terre, les carottes ainsi que les courgettes. Il est important de cuire chaque légume dans une casserole différente car leur temps de cuisson est différent. Comptez 25 minutes pour les pommes de terre, 15 minutes pour les carottes et 10 minutes pour les courgettes.

Desséchez les courgettes dans une poêle avec un peu de matière grasse à feu vif.

Égouttez les légumes et écrasez-les dans 3 bols différents. Salez, poivrez et ajoutez une noix de beurre. Râpez un peu de noix de muscade.

Placez 100 g de pommes de terre écrasées dans le bol contenant les carottes, et 100 g dans celui contenant les courgettes. Ajoutez la fécule de pomme de terre dans le bol contenant les courgettes. Mélangez pour obtenir une purée homogène.

Préparez la pâte à choux

Dans un bol, battez les œufs avec une fourchette.

Dans une casserole, versez l'eau, le sel et le beurre. Portez le tout à première ébullition. Retirez du feu et versez la farine d'un coup. Mélangez vivement avec une spatule jusqu'à ce que la pâte soit lisse. Remettez la casserole sur feu doux pour assécher un peu la pâte, mélangez pendant environ 2 minutes.
Il faut que la pâte se décolle toute seule de la casserole en un morceau.

Retirez la casserole du feu et mettez la pâte à choux dans un récipient à température. Ajoutez les œufs en 3 fois, en mélangeant énergiquement, toujours à la spatule pour qu'ils s'incorporent à la pâte.

Une fois que la pâte est prête, divisez-la en 2 parties. Mélangez une partie avec les pommes de terre. Divisez la pâte restante en 2 parties et incorporez-les respectivement dans les carottes et les courgettes.

Confectionnez des boules de la taille d'une balle de ping-pong avec les mains préalablement farinées, roulez-les dans la farine et tapotez-les pour retirer l'excédent avant de les disposer sur un papier sulfurisé.

Faites cuire les pommes dauphine multicolores dans une friteuse à 170 °C jusqu'à ce qu'elles soient gonflées et dorées uniformément. Disposez-les sur du papier absorbant pour retirer l'excédent de graisse. Ajoutez un peu de fleur de sel et un tour de moulin à poivre.

Cordon-bleu

GRÉGORY COHEN

4	15min	10min	10min
PERSONNES	PRÉPARATION	REPOS	CUISSON

LE + DU CHEF

Pour pocher les filets de volaille, veillez à ce que le film alimentaire soit bien refermé. Ils se tiendront bien et seront parfaitement cuits.

INGRÉDIENTS

Pour les cordons-bleus

4 beaux filets de volaille (demandez à votre boucher de bien les aplatir)

4 tranches de jambon

4 tranches d'emmental

Pour la panure

2 œufs

Farine

Chapelure

Poivre du moulin

Entre 2 feuilles de papier sulfurisé, aplatissez les filets de volaille avec un rouleau à pâtisserie ou une casserole. Le filet doit quasiment doubler de taille et avoir l'épaisseur d'une escalope.

Sur un film alimentaire, disposez le filet, puis le jambon et l'emmental. Rabattez le filet de volaille et serrez-le avec le film alimentaire. Le film alimentaire doit être bien refermé pour pocher les filets.

Faites cuire les ballotines de cordon-bleu 5 minutes à la vapeur puis placez-les 10 minutes au réfrigérateur.

Retirez les filets du film alimentaire pour les paner.

Faites une assiette de chacun des ingrédients qui composent la panure. Pour la chapelure ajoutez un tour de moulin à poivre pour en relever le goût. Passez les cordons-bleus dans la farine et tapotez-les pour en retirer l'excédent. Passez-les ensuite dans les œufs battus puis dans la chapelure.

Pour la cuisson, faites frire les cordons-bleus à la friteuse à 180 °C pour que le cœur soit bien fondant, ou à la casserole à feu vif, jusqu'à ce qu'ils soient bien colorés.

Flan aux œufs

GRÉGORY COHEN

4	15 min	4 h 15	1 h 05
PERSONNES	PRÉPARATION	REPOS	CUISSON

LE + DU CHEF

Si vous n'avez pas de lait entier, ajoutez 10 g (2 cuil. à café) de crème fraîche pour 1 litre de lait.

INGRÉDIENTS

1 pâte feuilletée ou brisée (faite maison ou achetée dans le commerce, voir recettes de base p. 186)
1,2 l de lait entier
25 cl de crème liquide
220 g de sucre
90 g de fécule de pomme de terre
1 œuf entier
4 jaunes d'œufs
1 gousse de vanille
1 cuil. à café de vanille liquide

Préchauffez le four à 240 °C (th. 8).

Dans un moule à bord haut, foncez la pâte et réservez au congélateur.

Dans un saladier, fouettez l'œuf et les 4 jaunes avec le sucre et la fécule de pomme de terre.

Dans une casserole, faites chauffer sur feu doux le lait et la crème et infusez les graines et la gousse de vanille pendant 20 minutes.

Ôtez du feu et retirez la gousse de vanille. Versez le lait en plusieurs fois sur les œufs en mélangeant. Remettez le tout sur feu doux pendant 8 minutes environ, sans cesser de fouetter. Attention : évitez que la crème ne cuise et n'accroche au fond. Faites refroidir la préparation 15 minutes, puis versez l'appareil à flan dans le fond de pâte.

Enfournez pour 10 minutes, puis baissez à 170-180 °C (th. 5-6) et poursuivez la cuisson pour 35 minutes.

Sortez le plat du four et laissez refroidir au réfrigérateur 4 heures pour que le flan prenne.

Roses des sables

GRÉGORY COHEN

15	10min	10min	10min
PIÈCES ENVIRON	PRÉPARATION	REPOS	CUISSON

LE + DU CHEF

Si vous prenez un chocolat plus fort en cacao, augmentez la quantité de sucre glace pour équilibrer.

INGRÉDIENTS

300 g de chocolat noir à 70 % de cacao minimum

170 g de pétales de maïs

150 g de beurre

80 g de sucre glace

Le zeste de 1 orange non traitée

Faites fondre le beurre dans une casserole au bain-marie ou au micro-ondes par tranches de 5 secondes. Le beurre ne doit pas avoir complètement fondu et rester un peu pommade. Ajoutez le chocolat haché menu et laissez-le fondre. Ajoutez le sucre glace et le zeste de l'orange et fouettez énergiquement.

Versez les pétales de maïs dans un grand saladier, ajoutez la crème au chocolat et mélangez délicatement, en essayant de ne pas briser les pétales, jusqu'à ce qu'ils soient tous enrobés.

Sur une plaque recouverte de papier sulfurisé, déposez des petits tas de pétales de maïs enrobés de chocolat. Laissez reposer les roses des sables 10 minutes au réfrigérateur avant de servir.

»Il suffit d'une odeur, d'une flaveur, quand le goût et l'odeur se font écho, pour que surgissent des réminiscences enfantines.«

PART. II

Dîner entre amis

Dîner entre amis

ALI REBEIHI

Voici l'un des plaisirs suprêmes de l'existence: dîner avec des amis. Des agapes où les discussions animées le disputent aux éclats de rire ou aux rudes engueulades, comme dans *Vincent, François, Paul et les autres* de Claude Sautet. Les verres s'entrechoquent, les joyeuses anecdotes se prolongent jusqu'au digestif. C'est à se demander si l'amitié n'a pas été inventée par le dîner; si elle ne se nourrit pas de ces moments irremplaçables, mélange de joie, de blagues, de promesses et d'empoignades.

Le théologien Henri Lacordaire estimait que le «temps confirme l'amitié». Il est vrai que la commensalité amicale permet de «prendre le temps de prendre son temps», comme le proclamait Philippe Noiret dans *Alexandre le Bienheureux*, d'approfondir nos affinités autour d'un plat de lasagnes ou d'une blanquette de veau. Il est rare d'expédier un dîner entre copains en trente minutes chrono! Alors que nos rythmes de vies s'accélèrent, provoquant stress et souffrance, le repas entre amis permet une réparation, une pause bienfaisante: les portables sont rangés dans une autre pièce, on oublie les notifications qui nous asservissent et les réseaux (a)sociaux qui nous enchaînent, et nous voilà immergés dans la profondeur du temps présent.
Les bouffes entre copains resserrent les liens, et nous en avons besoin, nous qui vivons désormais dans une société liquide, sans phares ni balises, pour reprendre une idée chère au sociologue Zygmunt Bauman. Le temps alors ne nous échappe plus, mais nous en savourons la texture, l'épaisseur.

N'oublions pas que l'étymologie du mot *copain* est *compain*, «compagnon» en ancien français, dérivé du latin *cum*, «avec», et *panis*, «pain». *Compain*: la personne avec qui on partage le pain. Et on le partage rarement avec un ennemi... Dans la fiction, nombre de repas mettent en scène des compagnons qui célèbrent l'amitié, du *Banquet* de Platon à ceux d'Astérix, en passant par les festins des chevaliers de la Table Ronde. Le partage commence par celui du pain. L'amitié, c'est manger à la même table, côte à côte, dans des moments qui comptent, qui ne se diluent pas dans un enchaînement incolore d'occupations.

Enfin, inutile de se mettre une vaine pression: la simplicité reste le meilleur gage de réussite! Sur le chemin du retour, nul ami digne de ce nom ne vous donnera une note pour votre soufflé au fromage, comme dans l'émission *Un dîner (presque) parfait!* L'amitié ne s'évalue pas, elle s'avale, toute crue, mais aussi chaude, tiède, salée, sucrée.

”

Voici l’un des plaisirs suprêmes de l’existence : dîner avec des amis. Des agapes où les discussions animées le disputent aux éclats de rire ou aux rudes engueulades.

“

Ali Rebeihi

Cabillaud sauce vierge

GRÉGORY COHEN

4	10 min	10 min
PERSONNES	PRÉPARATION	CUISSON

LE + DU CHEF
Vous pouvez accompagner le cabillaud d'un écrasé de pommes de terre.

INGRÉDIENTS
4 morceaux de dos de cabillaud (chez votre poissonnier)
Le jus de 1 orange non traitée
1 cuil. à soupe d'huile d'olive
1 brin de thym
Piment d'Espelette
Sel

Pour la sauce vierge
4 tomates fraîches
20 cl d'huile d'olive
2 cuil. à soupe de jus de citron jaune
2 cuil. à soupe d'échalote ciselée
2 cuil. à soupe de basilic ciselé
1 cuil. à soupe de persil plat ciselé
Sel et poivre

Placez les morceaux de cabillaud dans du papier absorbant pour les sécher et salez-les. Réalisez une petite entaille sur la peau du cabillaud et déposez-le sur une feuille de papier cuisson, la peau côté feuille, dans une poêle avec l'huile d'olive, à haute température pendant 6 à 7 minutes.

Quand la peau est bien croustillante, retournez délicatement le cabillaud. Déglacez avec le jus d'orange, mettez la branche de thym dans la poêle et couvrez. Retirez du feu pour laisser l'inertie de la chaleur et de la vapeur d'orange terminer de cuire le poisson.

Réservez le poisson sur une grille en le recouvrant d'un papier aluminium pour qu'il rejette le reste de son eau de cuisson.

Préparez la sauce vierge

Lavez, séchez et ciselez les herbes. Enlevez la peau des tomates et coupez-les en petits dés.

Dans un bol, émulsionnez le jus de citron et l'huile d'olive tiède avec un mixeur plongeant.

Ajoutez les dés de tomate et l'échalote. Salez et poivrez.

Au dernier moment, ajoutez les herbes fraîches.

Dans une assiette, disposez le cabillaud, un peu de piment d'Espelette et arrosez de sauce vierge.

Cannelloni à la ricotta

GRÉGORY COHEN

4	20 min	30 min
PERSONNES	PRÉPARATION	CUISSON

INGRÉDIENTS

350 g de pousses d'épinards

350 g de ricotta

12 cannelloni

1 œuf

1 oignon jaune

1 gousse d'ail

2 cuil. à soupe d'huile d'olive

Sel et poivre

Pour le plat

Béchamel au pecorino (voir recettes de base p. 188)

20 g de pecorino râpé

2 cuil. à soupe de beurre fondu avec 1/2 gousse d'ail

Pour le dressage

4 cuil. à soupe de sauce tomate (voir recettes de base p. 189)

8 pousses d'épinards

Préchauffez le four à 180 °C (th. 6).

Ciselez l'oignon finement. Lavez et essorez les pousses d'épinards.

Dans une poêle chaude, faites suer l'oignon dans l'huile d'olive avec un peu de sel pendant 2 minutes à feu vif jusqu'à le rendre translucide. Ajoutez les pousses d'épinards, piquez l'ail sur une fourchette et mélangez les épinards 3 à 4 minutes pour qu'ils s'en imprègnent. Laissez l'eau s'évaporer.

Dans un saladier, mélangez les pousses d'épinards avec la ricotta et l'œuf. Assaisonnez de sel et de poivre.

Mettez la préparation dans une poche à douille et garnissez-en les cannelloni.

Beurrez un plat à gratin en le frottant avec l'ail, et versez la moitié de la béchamel dans le fond. Déposez les cannelloni et recouvrez du reste de la béchamel et de pecorino râpé.

Enfournez pour 25 minutes.

Au moment du dressage, disposez 1 cuil. à soupe de sauce tomate dans le fond d'une assiette, 3 cannelloni et quelques pousses d'épinards.

Tartare de saumon

GRÉGORY COHEN

4 PERSONNES

20 min PRÉPARATION

LE + DU CHEF

Si vous n'avez pas d'emporte-pièce, utilisez une tasse à café. Remplissez-la de tartare, lissez bien le dessus retournez la tasse sur une assiette et démoulez.

INGRÉDIENTS

2 pavés de saumon frais
50 g d'œufs de saumon
2 avocats
8 feuilles de roquette
1 oignon nouveau
1 citron vert
1/2 concombre
3 branches de ciboulette
1 cuil. à soupe de graines de sésame blond ou noir
1 cuil. à soupe d'huile d'olive
1 cuil. à café d'huile de sésame
1 pincée de piment d'Espelette
1 pincée de sel

Ciselez finement l'oignon nouveau et la ciboulette. Hachez les feuilles de roquette.

Découpez le saumon en petits cubes d'environ 1 cm de côté. Versez-le dans un saladier et ajoutez-y l'huile de sésame, l'oignon nouveau et la ciboulette.

Découpez les avocats et le concombre épépiné en petits dés de même taille que le saumon.

Dans un bol, mélangez les dés d'avocat, le jus du citron vert et les graines de sésame. Ajoutez la roquette et le concombre. Salez et mélangez au saumon.

Dans une assiette, placez un emporte-pièce circulaire. Déposez la préparation à l'intérieur en tassant un petit peu pour qu'elle tienne bien. Retirez l'emporte-pièce et déposez sur le tartare des œufs de saumon, ajoutez un filet d'huile d'olive, une pincée de piment d'Espelette et du zeste de citron vert.

”

Le repas entre amis permet une réparation, une pause bienfaisante.

“

Pad thaï

GRÉGORY COHEN

4 PERSONNES | **10 min** PRÉPARATION | **10 min** CUISSON

LE + DU CHEF
Vous pouvez aussi servir le pad thaï avec des crevettes ou du poulet juste snackés et déglacés avec une pointe de sauce soja.

INGRÉDIENTS

300 g de nouilles de riz
125 g de tofu ferme
100 g de pousses de soja
4 œufs
2 échalotes
2 ciboules ou 2 oignons nouveaux
1 citron vert
2 cuil. à soupe de cacahuètes grillées pilées
2 cuil. à soupe de sucre cassonade
2 cuil. à soupe d'huile de tournesol
1 cuil. à soupe de pâte de tamarin
1 cuil. à soupe de sauce nuoc-mâm
4 pincées de piment de Cayenne

Trempez les nouilles dans de l'eau chaude pour les ramollir.

Diluez la pâte de tamarin dans 10 cl d'eau chaude, mélangez et filtrez le mélange pour obtenir un jus de tamarin.

Ciselez finement les échalotes et détaillez les ciboules en bâtonnets de 1 cm de long.

Coupez le tofu en cubes. Faites-le revenir dans une poêle avec un peu de matière grasse jusqu'à ce qu'il soit doré, posez-le sur un papier absorbant pour en retirer l'excédent de graisse et réservez.

Faites revenir les échalotes avec le jus de tamarin, le sucre cassonade et la sauce nuoc-mâm. Mélangez et laissez la préparation épaissir comme un caramel (comptez environ 4 minutes).

Ajoutez les nouilles égouttées et laissez-les cuire avec le jus.
Ajoutez un demi-verre d'eau et laissez absorber.

Faites cuire 4 œufs au plat avec un peu de matière grasse et réservez-les.

Dans une assiette creuse, disposez les nouilles, puis le tofu et les pousses de soja. Ajoutez l'œuf au plat, 1 pincée de piment de Cayenne et des bâtonnets de ciboule. Parsemez de cacahuètes grillées pilées, disposez un quartier de citron et le tour est joué !

Yakitori de poulet

GRÉGORY COHEN

4 à 6	15 min	8 min
PERSONNES	PRÉPARATION	CUISSON

LE + DU CHEF

La méthode traditionnelle au Japon pour la cuisson au barbecue est d'utiliser du *binchotan*, un charbon parfumé spécial originaire de la préfecture de Wakayama, mais du charbon classique fait tout aussi bien l'affaire.

INGRÉDIENTS

Pour la sauce yakitori

6 cuil. à soupe de sauce soja salée

4 cuil. à soupe de sucre

2 cuil. à soupe de saké de cuisine

2 cuil. à soupe de mirin

1 cuil. à café de fécule de pomme de terre diluée dans 1 cuil. à soupe d'eau froide

Pour les brochettes

6 cuisses de poulet

3 branches de ciboule

6 piques à brochette

Préparez la sauce yakitori

Dans une casserole, mélangez le saké, le mirin, la sauce soja et le sucre.
Ajoutez un peu de fécule de pomme de terre diluée dans l'eau. La fécule de pomme de terre, *katakuriko* en japonais, sert à épaissir la sauce.

Faites mijoter doucement pour que la sauce réduise de moitié et devienne épaisse et collante, puis retirez du feu.

Préparez les brochettes

Avant de les utiliser, plongez les piques à brochette dans l'eau froide quelques minutes pour éviter de vous brûler en faisant cuire les yakitori.

Coupez le poulet en petits morceaux et ciselez la ciboule en morceaux d'environ 3 cm de long.

Enfilez les ingrédients sur les piques en alternant pour avoir un bon mélange de poulet et de ciboule.

À l'aide d'un pinceau, badigeonnez les brochettes de sauce yakitori. Faites-les cuire au barbecue. Pour une bonne cuisson, retournez les yakitori régulièrement et nourrissez-les de sauce yakitori à chaque tour.

Keftas

GRÉGORY COHEN

4 à 6 PERSONNES — **15 min** PRÉPARATION — **10 min** CUISSON

INGRÉDIENTS

- 400 g de viande de bœuf hachée
- Les queues de 2 oignons nouveaux finement ciselées
- 1 œuf
- 3 cuil. à soupe de chapelure
- 2 cuil. à soupe de cumin
- 2 cuil. à soupe de paprika
- 2 cuil. à soupe de ras el-hanout
- 1 cuil. à soupe d'huile d'olive
- 1 cuil. à café de harissa
- 1 cuil. à café de concentré de tomate

Dans un saladier, mélangez tous les ingrédients à la main.

Formez de petites boules de la taille d'une balle de ping-pong et déposez-les sur une feuille de papier sulfurisé ou une toile de cuisson.

Faites-les cuire à feu vif dans une poêle avec un filet d'huile d'olive. Aplatissez-les légèrement avec la paume de la main. Les keftas doivent se colorer. Retournez-les et versez 1 cuil. à soupe d'eau avant de couvrir. L'adjonction d'eau va créer de la vapeur.

Baissez le feu et laissez cuire environ 5 minutes. Attention : les keftas ne doivent pas être trop cuites, elles doivent rester moelleuses.

L'étymologie du mot *copain* est *compain*, « compagnon » en ancien français, dérivé du latin *cum*, « avec », et *panis*, « pain ». *Compain* : la personne avec qui on partage le pain.

Tiramisu

GRÉGORY COHEN

4 à 6 PERSONNES — **20 min** PRÉPARATION — **1 h** REPOS

INGRÉDIENTS

- 28 boudoirs
- 10 biscuits amaretti
- 300 g de mascarpone
- 150 g de crème liquide entière
- 30 g de sucre semoule
- 30 g de chocolat
- 50 cl de café expresso froid
- 10 cl d'amaretto
- 2 œufs
- 2,5 g de poudre de vanille

Dans un saladier, montez la crème liquide au batteur, puis incorporez le mascarpone et la poudre de vanille.

Séparez les blancs des jaunes d'œufs. Dans un bol, montez les blancs en neige et dans un second bol, blanchissez les jaunes avec le sucre. Mélangez délicatement ces trois préparations.

Mélangez l'amaretto et le café, et trempez-y les boudoirs.

Placez une première couche de boudoirs dans le fond d'un plat rectangulaire. Recouvrez de quelques biscuits amaretti émiettés et nappez de crème. Râpez par-dessus un peu de chocolat et remettez une couche de boudoirs imbibés. Recouvrez avec le reste de crème et lissez à la cuillère. Placez au frais pendant 1 heure au minimum.

Avant de servir, râpez du chocolat sur le tiramisu.

»

Les bouffes entre copains resserrent les liens, et nous en avons besoin, nous qui vivons désormais dans une société liquide, sans phares ni balises.

«

Fondant au chocolat cœur vanille

GRÉGORY COHEN

4	10 min	20 min
PERSONNES	PRÉPARATION	CUISSON

INGRÉDIENTS

75 g de chocolat noir à pâtisser
60 g de beurre
45 g de sucre en poudre
15 g de fécule de maïs
2 œufs
4 petites boules de glace vanille ou une crème anglaise maison (voir recettes de base p. 193) passée au congélateur

Préchauffez le four à 200 °C (th. 6-7).

Hachez le chocolat et faites-le fondre avec le beurre au bain-marie 6 à 7 minutes à partir du moment où l'eau frémit, ou au micro-ondes (puissance 500 W) par tranches de 5 secondes. Le beurre ne doit pas avoir totalement fondu et rester un peu pommade. Lissez à la spatule. Ajoutez le sucre et la fécule de maïs, mélangez bien.

Séparez les jaunes des blancs d'œufs. Ajoutez les jaunes à la préparation au chocolat.

Montez les blancs en neige, puis incorporez-les délicatement à l'aide d'une spatule souple. Répartissez la moitié de la préparation dans des moules individuels.

Placez la boule de vanille au cœur et recouvrez avec le reste de la préparation.

Enfournez pour 10 à 12 minutes. Servez aussitôt.

PART. III

Dimanche en famille

A

INTERVENTION

G

RECETTES

Dimanche en famille

ALI REBEIHI

D'après une étude poussée réalisée par l'Institut du Doigt Mouillé, nous sommes nombreux à préférer nettement la douceur du dimanche matin aux langueurs du dimanche après-midi : deux temporalités distinctes, séparées par le déjeuner familial dominical. Le repas du dimanche midi reste une tradition très française, qui fleure bon la poule au pot d'Henri IV. Il est essentiel pour réunir les générations, à l'image du dîner de Shabbat, le vendredi.

Selon un sondage CSA Research de 2014, 65 % des Français y sont très attachés. Autour de la table se perpétuent les légendes et traditions familiales, les souvenirs, les recettes, les saveurs passées. « La table est un lieu de transmission de la mémoire historique, de la mémoire familiale, avec des gens qu'on n'a pas connus, qui sont morts, cette mémoire vague et lointaine des gens qu'on ne connaîtra jamais mais qui sont de la famille », nous rappelle l'écrivaine Annie Ernaux. On « fait » famille, on nomme à nouveau et ressoude les liens. La famille est une tablée.

Le déjeuner dominical reste un repas de tradition : poulet rôti, gigot de sept heures, pommes sautées, saint-honoré de la pâtisserie du coin de la rue, tarte aux pommes maison. Des mets réconfortants qui mettent du baume au cœur, avant la lente montée du blues du dimanche soir, cette bile entre gris clair et gris foncé qui envahit les esprits à mesure que le jour décline. Pour le conjurer, votre serviteur affectionne une omelette aux pommes de terre en regardant un bon épisode de la série *Seinfeld*...

”

Des mets réconfortants qui mettent du baume au cœur, avant la lente montée du blues du dimanche soir, cette bile entre gris clair et gris foncé qui envahit les esprits à mesure que le jour décline.

“

Ali Rebeihi

Poulet aux citrons confits et olives

GRÉGORY COHEN

4	10min	1h	2h
PERSONNES	PRÉPARATION	REPOS	CUISSON

LE + DU CHEF

Au bout des 2 heures de cuisson, retirez le chapeau d'aluminium et poursuivez la cuisson 8 minutes sous la grille du four pour obtenir un poulet croustillant. Accompagnez le poulet de riz arrosé du jus de cuisson.

INGRÉDIENTS

- 4 cuisses de poulet entières
- 400 g de pommes de terre
- 150 g d'olives dénoyautées (noires ou vertes)
- 2 citrons confits (type beldi)
- 2 oignons rouges
- 1 gousse d'ail
- 4 cuil. à soupe d'huile d'olive
- 1 cuil. à soupe de curcuma
- 1 cuil. à soupe de ras el-hanout
- 1 cuil. à soupe de cumin
- 1 cuil. à café de paprika fumé
- 1/2 de cuil. à café de gingembre en poudre

Dans un bol, mélangez toutes les épices avec 2 cuil. à soupe d'huile d'olive et un demi-verre d'eau. Faites mariner le poulet dans ce mélange pendant 1 heure.

Au fond d'un plat allant au four, mettez les 2 cuil. à soupe d'huile d'olive restantes et disposez les pommes de terre coupées en 2 dans la longueur. Ajoutez les morceaux de poulet et versez le reste du mélange d'épices sur le poulet et les pommes de terre. Mélangez.

Émincez finement les oignons. Écrasez l'ail pelé. Placez-les dans le plat avec les olives et les citrons confits coupés en 8.

Recouvrez d'un chapeau d'aluminium et enfournez pour 2 heures à 150 °C (th. 5).

Gratin dauphinois

GRÉGORY COHEN

6	20 min	1 h 30
PERSONNES	PRÉPARATION	CUISSON

INGRÉDIENTS

2 kg de pommes de terre à chair ferme (charlotte ou amandine)
80 cl de crème liquide
25 cl de lait écrémé
100 g de beurre
2 gousses d'ail
Noix de muscade râpée
Sel et poivre

Lavez, pelez et coupez les pommes de terre en fines tranches (les plus fines possible, environ 0,5 mm) à l'aide d'une mandoline ou d'un robot ménager.

Frottez un plat à gratin avec les gousses d'ail piquées sur une fourchette, puis beurrez le plat. Dans un saladier ou une casserole, mélangez le beurre fondu, la noix de muscade, 60 cl de crème liquide et le lait. Disposez dans le plat les rondelles de pommes de terre par rosaces successives en recouvrant chaque couche du mélange précédent, jusqu'à la dernière couche.

Enfournez à 180 °C (th. 6) pour 45 minutes.

Sortez le gratin, ajoutez le reste de crème et enfournez de nouveau pour 45 minutes.

»Le repas du dimanche midi reste une tradition très française.«

Ceviche de dorade à la *leche de tigre*

GRÉGORY COHEN

4 à 6
PERSONNES

20 min
PRÉPARATION

LE + DU CHEF

Pour mixer plus facilement la *leche de tigre*, coupez en 4 le piment, l'oignon et l'ail. Comptez environ 10 cl de *leche de tigre* pour 100 g de poisson.

INGRÉDIENTS

300 g de daurade ou de poisson frais à chair blanche ferme (maigre ou bar, par exemple)

30 cl de *leche de tigre* (voir recettes de base p. 190)

50 g d'oignon rouge

3 citrons verts

1 poivron vert

5 branches de coriandre

Piment d'Espelette

Sel et poivre du moulin

Pressez les citrons et prélevez un peu de zeste.

Taillez l'oignon et le poivron vert en très fines lamelles, ciselez la coriandre finement.

Retirez la peau du poisson et détaillez-le en petits cubes de 2 cm de côté. Disposez-les dans le fond d'un saladier avec le jus des citrons. Ajoutez l'oignon, le poivron, la coriandre, du sel, un tour de moulin à poivre et la *leche de tigre*. Mélangez.

Dressez dans des assiettes individuelles en saupoudrant de piment d'Espelette et de zeste de citron vert.

Poitrine d'agneau caramélisée façon ribs

GRÉGORY COHEN

6	20 min	1 nuit	3 h
PERSONNES	PRÉPARATION	MARINADE	CUISSON

LE + DU CHEF

Pour accompagner l'agneau : découpez des pommes de terre en quartiers, mettez-les dans un plat à gratin préalablement beurré, ajoutez un filet d'huile d'olive, quelques noisettes de beurre, une branche de romarin, un rien de paprika et une pincée de sel. 1 heure avant la fin de la cuisson de l'agneau, enfournez à 145 °C (th. 4-5).

INGRÉDIENTS

- 1 kg de poitrine d'agneau
- 1 orange
- 2 cuil. à soupe d'huile d'olive
- 2 cuil. à soupe de paprika
- 1 cuil. à soupe de paprika fumé
- 1 cuil. à soupe de cumin
- 1 cuil. à soupe de miel
- 1 cuil. à café de poudre de gingembre
- 1 pincée de piment d'Espelette
- 1 pincée de sel

Pressez l'orange et récupérez le jus.

Dans un bol, mélangez tous les ingrédients secs et ajoutez le miel, de façon à obtenir une masse épaisse. Incorporez l'huile, en mélangeant à l'aide d'une fourchette, pour former une pâte. Ajoutez le jus d'orange pour délier. Vous obtiendrez une marinade épaisse.

Piquez l'agneau avec une fourchette ou un couteau, puis massez-le intégralement avec la marinade pour bien l'enrober. Emballez-le dans un film alimentaire, serrez bien et mettez-le au réfrigérateur pour la nuit. La marinade va s'imprégner par osmose.

Le lendemain, retirez le film alimentaire et placez la poitrine dans un plat allant au four. Recouvrez de papier aluminium et enfournez à 145 °C (th. 4-5) pour 1 h 30.

Retournez la poitrine et continuez la cuisson pour 1 h 30 supplémentaire. À la sortie du four, la viande sera fondante et juteuse.

Lasagnes à la bolognaise

GRÉGORY COHEN

4 à 6 PERSONNES — **25 min** PRÉPARATION — **40 min** CUISSON

INGRÉDIENTS

Pour la bolognaise

600 g de viande de bœuf hachée
50 cl de sauce tomate (voir recettes de base p. 189)
3 oignons jaunes
2 gousses d'ail
1 échalote
2 cuil. à soupe d'herbes de Provence
Sel et poivre

Pour les lasagnes

Béchamel au parmesan (voir recettes de base p. 188)
12 plaques de pâte à lasagne
2 cuil. à soupe de beurre fondu avec 1/2 gousse d'ail

Préparez la bolognaise

Faites suer les oignons et l'échalote hachés menu dans un faitout avec les gousses d'ail écrasées.

Ajoutez la viande hachée et remuez bien pour qu'elle s'émiette.
Assaisonnez de sel, de poivre et d'herbes de Provence.

Ajoutez la sauce tomate. À première ébullition, retirez du feu.

Préparez les lasagnes

Préchauffez le four à 180 °C (th. 6).

Blanchissez les pâtes à lasagne dans de l'eau bouillante pendant 2 à 3 minutes.

Beurrez un plat à lasagne du mélange beurre fondu et ail. Versez une couche de béchamel.

Tapissez de pâtes à lasagne, recouvrez d'une couche épaisse de bolognaise, puis d'une fine couche de béchamel.

Répétez l'opération jusqu'à épuisement des ingrédients, en terminant par un mélange du reste de la bolognaise et de la béchamel.

Enfournez pour 30 minutes.

Aïoli

GRÉGORY COHEN

4 à 6 PERSONNES | **20 min** PRÉPARATION | **30 min** CUISSON

LE + DU CHEF
Conservez l'eau de cuisson des légumes, ajoutez-y les pelures, laissez réduire et filtrez pour enlever les impuretés. Vous aurez ainsi un bouillon de légumes que vous pourrez congeler et utiliser ultérieurement.

INGRÉDIENTS

8 pommes de terre Roseval ou Charlotte
8 carottes
4 courgettes
1 chou-fleur
500 g de haricots verts
4 œufs durs
Sel et poivre

Pour l'aïoli

30 à 40 cl d'huile d'olive
1 jaune d'œuf
1 tête d'ail rose
Sel

Pelez les pommes de terre et les carottes. Détaillez le chou-fleur en grosses sommités. Équeutez les haricots verts et rincez-les avec les courgettes. Coupez les pommes de terre, les carottes et les courgettes en bâtonnets.

Faites cuire les légumes à l'eau ou à la vapeur. Attention, tous les légumes ne cuisent pas à la même vitesse. Moyen mnémotechnique : plus le légume est dur, plus la cuisson est longue ; plus il est mou, plus elle est courte. Comptez environ 10 minutes pour les courgettes et 20 minutes pour les carottes.

Une fois que les légumes sont cuits, réservez-les dans un plat au four tiède pour éviter qu'ils ne refroidissent complètement.

Préparez l'aïoli

Mettez l'ail entier au four pour 30 minutes à 190 °C (th. 6-7).

Pelez les gousses d'ail puis récupérez-en la pulpe dans un bol.

Ajoutez le jaune d'œuf, salez et commencez à monter à la fourchette. Versez l'huile d'olive en filet tout en continuant de monter comme une mayonnaise. La préparation doit devenir ferme et lisse.

Présentez les légumes et les œufs durs écalés sur un plat, et placez au centre l'aïoli.

Crumble aux pommes

GRÉGORY COHEN

6 PERSONNES

10 min PRÉPARATION

30 min CUISSON

LE + DU CHEF

N'utilisez pas de pommes farineuses qui vont compoter. Ce crumble est délicieux avec n'importe quel autre fruit. Pour rendre le crumble plus savoureux : ajoutez aux pommes des noisettes décortiquées ou des raisins secs réhydratés dans du rhum. Pour cela, la veille, recouvrez à hauteur vos raisins secs d'un mélange d'eau et de rhum. Laissez infuser, puis détrempez vos raisins avant de les utiliser.

INGRÉDIENTS

- 1 kg de pommes à chair ferme (granny-smith et gala)
- 250 g de farine
- 250 g de sucre semoule
- 125 g de beurre + une noisette pour le plat
- 1 cuil. à café de cannelle en poudre

Découpez les pommes en petits morceaux, caramélisez-les rapidement à la poêle avec un peu de sucre et un peu d'eau.

Mélangez grossièrement la farine, le beurre et 225 g de sucre. La pâte à crumble est prête.

Mélangez les 25 g de sucre restants et la cannelle. Enrobez les pommes de ce mélange.

Dans un plat beurré allant au four, placez les pommes, puis la pâte à crumble émiettée par-dessus.

Enfournez à 200 °C (th. 6-7) pour environ 25 minutes, puis passez sur gril 5 minutes pour finir la cuisson.

Île flottante, crème anglaise à l'orange

GRÉGORY COHEN

6	15 min	15 min
PERSONNES	PRÉPARATION	CUISSON (POUR LA CRÈME ANGLAISE)

INGRÉDIENTS

Crème anglaise (voir recettes de base p.193)

4 blancs d'œufs

4 cuil. à café de sucre (1 par blanc)

1 citron non traité

Le zeste d'1 orange non traitée

Versez la crème anglaise à température ambiante dans des pots individuels.

Montez les blancs en neige. Lorsqu'ils sont très fermes, ajoutez le sucre, le zeste du citron et fouettez à nouveau quelques instants.

Disposez les blancs dans de petits moules individuels allant au micro-ondes (type ramequins ou moules en silicone).

Mettez au four micro-ondes à puissance maximum pendant 40 secondes.

À l'aide d'une cuillère, déposez délicatement les blancs sur la crème anglaise et zestez un peu d'orange dessus.

« La table est un lieu de transmission de la mémoire historique, de la mémoire familiale. »

PART. IV

Apéro improvisé, apéro en majesté

Ⓐ

INTERVENTION

Ⓖ

RECETTES

Apéro improvisé, apéro en majesté

ALI REBEIHI

Littéralement, l'apéritif ouvre l'appétit, du latin *aperire*, « ouvrir ». Dans un premier temps, il s'agissait d'ouvrir les pores de la peau pour éliminer les toxines de l'organisme. Les premiers apéritifs étaient des boissons à base de plantes aux vertus thérapeutiques, comme la gentiane, qui permettaient d'ouvrir les voies de l'élimination naturelle.

Au Moyen Âge, dans les milieux aisés, on commençait le repas par un breuvage à base de vin, agrémenté de plantes aromatiques ou d'épices. Bien plus tard, en 1846, le chimiste français Joseph Dubonnet invente une boisson composée de vin et de quinine pour lutter contre le paludisme. Son amertume est masquée par une décoction d'herbes et d'épices. Sa femme a l'ingénieuse idée de servir cette potion médicale arrangée en apéritif. Il faudra attendre la fin du XIXe siècle pour que l'apéro s'apparente à un cérémonial informel.

À la sortie du travail ou chez soi, l'apéro est devenu une tradition sacrée, une mythologie que Roland Barthes n'aurait pas reniée : un rituel entre amis ou en famille, autour d'une boisson alcoolisée, d'un jus de fruit ou d'un soda, accompagné d'amuse-bouches. Une ode à la liberté, comme dans *L'Apéritif*, tableau aux couleurs vives et contrastées, un tourbillon de la vie peint par Raoul Dufy en 1908.

Longtemps associé au bistrot, l'apéritif peut désormais se savourer sans chichis et remplacer un dîner à la maison – les fameux « apéritifs dînatoires », où chacun se sert tout simplement sur la table basse. C'est un repas simple à base de bouchées chaudes ou froides, de verrines, de légumes crus en bâtonnets, de mini-feuilletés, de planches de fromage ou de charcuterie, de cacahuètes ou de chips. Pas de service compliqué autour de la table basse où chacun s'installe à son aise avec des convives choisis.

Bonheur régressif sans finalité, où l'on picore avec les doigts ou avec des piques pour les plus hygiénistes d'entre nous, coronavirus oblige ! Comme le rappelle l'historien Didier Nourrisson sur France Culture, l'apéritif est un médicament social : « Au Moyen Âge, "on portait une santé" en élevant son verre de vin. On choquait les verres en souhaitant à l'autre une bonne santé. Assurer à l'autre toute notre affection et notre souhait de durée de vie. » À la vôtre !

”

À la sortie du travail ou chez soi, l’apéro est devenu une tradition sacrée, une mythologie que Roland Barthes n’aurait pas reniée.

“

Ali Rebeihi

Quiche d'inspiration lorraine

GRÉGORY COHEN

4 à 6 PERSONNES

12 min PRÉPARATION

40 min CUISSON

LE + DU CHEF

Vous pouvez remplacer le jambon par du poulet, du thon, des tomates cerises ou même du brocoli !

Pour tailler facilement les herbes, repliez les brins plusieurs fois, puis utilisez des ciseaux pour les couper finement et uniformément.

INGRÉDIENTS

- 1 pâte feuilletée (maison ou achetée dans le commerce)
- 200 g de feta
- 200 g de jambon ou jambon de dinde
- 5 œufs
- 3 cuil. à soupe de crème liquide
- 30 g d'emmental
- 4 brins de ciboulette
- Piment d'Espelette

Dans un saladier, battez les œufs avec la crème liquide.

Ajoutez le jambon coupé en petits dés, puis la ciboulette finement ciselée.

Découpez la feta en petits cubes et mélangez-la à l'appareil à quiche. Ajoutez l'emmental râpé, une pincée de piment d'Espelette et mélangez une dernière fois.

Foncez la pâte feuilletée dans un moule à tarte et coulez le mélange dessus. Répartissez uniformément. Enfournez à 180 °C (th. 6) pour 40 minutes environ.

Pour vérifier la cuisson, faites bouger le moule : si l'appareil est tremblant partout, poursuivez la cuisson. Une fois la quiche cuite, démoulez et dégustez !

Falafels de lentilles corail

GRÉGORY COHEN

4 à 6	30 min	24 h	5 min
PERSONNES	PRÉPARATION	REPOS	CUISSON

INGRÉDIENTS

500 g de lentilles corail détrempées 24 heures dans de l'eau

50 g d'oignon rouge

50 g d'échalotes

80 g de persil plat

2 cuil. à café de bicarbonate de soude

2 cuil. à soupe de cumin

1 cuil. à soupe de paprika

1 cuil. à soupe d'huile d'olive

Sel et poivre

Mixez les lentilles avec l'huile d'olive pour obtenir une pâte lisse.

Ajoutez le persil plat, l'oignon rouge, les échalotes et mixez à nouveau. Ajoutez le paprika, le cumin et le bicarbonate de soude. Salez et poivrez selon votre goût.

Mélangez à la Maryse délicatement. Corrigez la texture avec de l'eau tiède, il faut qu'elle soit lisse et collante (pas trop liquide). Façonnez des boules de la taille d'une balle de ping-pong à la main, en ayant pris soin de les enduire d'huile pour éviter qu'elles n'accrochent.

Dans une sauteuse, faites frire à 170 °C le temps d'obtenir une belle coloration. Piquez l'intérieur du falafel avec la pointe d'un couteau pour vérifier qu'il est cuit.

»

Longtemps associé au bistrot, l'apéritif peut désormais se savourer sans chichis et remplacer un dîner à la maison.

«

Tzatziki

GRÉGORY COHEN

4 PERSONNES

15 min PRÉPARATION

LE + DU CHEF

Pour éviter que l'ail ne « reproche », comme disaient nos grands-mères, fendez l'ail en deux et retirez le germe.

INGRÉDIENTS

1 concombre
200 g de yaourt grec
6 feuilles de menthe
1 gousse d'ail
1 cuil. à soupe de crème fraîche
2 cuil. à café d'huile d'olive
1 pincée de sel
1 tour de moulin à poivre

Épluchez le concombre, retirez les graines à l'aide d'une cuillère, puis râpez-le. Retirez l'eau du concombre râpé en le pressant dans une passoire.

Épluchez et pressez la gousse d'ail. Ciselez très finement la menthe.

Dans un saladier, placez le concombre, le yaourt, la crème fraîche, la menthe et l'ail, ajoutez l'huile d'olive et assaisonnez avec le sel et le poivre.

Mélangez et réservez au réfrigérateur jusqu'au moment de servir.

Tiropita

GRÉGORY COHEN

4 à 6	15 min	15 à 20 min
PERSONNES	PRÉPARATION	CUISSON

INGRÉDIENTS

1 paquet de 12 feuilles de pâte filo
600 g de feta
200 g d'emmental râpé
5 œufs
1 jaune d'œuf
4 feuilles de menthe
Huile d'olive
1 cuil. à soupe de graines de pavot ou de sésame
QS de beurre pour le moule
Sel et poivre du moulin

Préchauffez le four à 200 °C (th. 6-7).

Hachez la menthe.

Dans un saladier, fouettez les œufs entiers avec la feta émiettée, l'emmental râpé, un filet d'huile d'olive, du sel et du poivre. Ajoutez la menthe.

Dans un plat à gratin préalablement beurré, déposez 3 feuilles de pâte filo enduites d'huile d'olive et recouvrez-les avec 3 autres feuilles de pâte filo huilées.

Versez le mélange feta/emmental et recouvrez-le de 3 feuilles de pâte filo, d'un peu d'huile d'olive et de 3 feuilles de filo supplémentaires.

Dans un bol, mélangez le jaune d'œuf et 1 cuil. à soupe d'eau. Badigeonnez-en la tiropita avant de la parsemer de graines de pavot.

Enfournez pour 15 à 20 minutes.

Servez la tiropita quand elle est dorée et croustillante.

« La tiropita est un feuilleté grec au fromage. On utilise de la pâte filo pour apporter croustillant et légèreté. »

Makis aux sardines

GRÉGORY COHEN

4 PERSONNES

10 min PRÉPARATION

LE + DU CHEF
Utilisez le poisson que vous voulez. (Ça marche avec tout type de poisson en conserve !)

INGRÉDIENTS

1 boîte de sardines (avec ou sans huile)

4 tranches de pain de mie sans croûte

4 feuilles de salade

1 carotte râpée

1/2 concombre coupé en bâtonnets de la taille des tranches de pain de mie

Mayonnaise (voir recettes de base p. 189)

À l'aide d'un rouleau à pâtisserie ou d'une bouteille, aplatissez les tranches de pain de mie le plus finement possible.

Étalez dessus la mayonnaise. Déposez une feuille de salade, un peu de carotte râpée, un bâtonnet de concombre et un demi-filet de sardine.

Roulez comme un maki, puis enrobez le tout dans du papier cellophane en faisant tourner les côtés pour bien serrer les makis.

Découpez en biseau à l'aide d'un couteau, puis ôtez le papier cellophane.

”

Bonheur régressif sans finalité, où l'on picore avec les doigts.

“

Notre croque-monsieur

GRÉGORY COHEN

4	10 min	20 min
PERSONNES	PRÉPARATION	CUISSON

LE + DU CHEF

Vous pouvez accompagner votre croque-monsieur avec un vin rouge jeune type gamay ou brouilly.

INGRÉDIENTS

- 8 tranches de pain de mie
- 4 tranches d'emmental
- 4 belles tranches de jambon blanc ou de blanc de dinde
- 1/2 béchamel (voir recettes de base p. 188)
- 1/2 béchamel à l'emmental (voir recettes de base p. 188)
- 40 g de beurre
- 2 cuil. à café de moutarde forte
- 1/2 cuil. à café de miel

Mélangez la moutarde et le miel.

Beurrez une tranche de pain de mie et posez-la dans une poêle pour la dorer, environ 3 minutes de chaque côté.

Retirez-la et étalez dessus un peu de moutarde au miel, une demi-tranche de jambon, une tranche d'emmental, l'autre demi-tranche de jambon, de la béchamel et refermez avec l'autre tranche de pain de mie.

Recouvrez de béchamel à l'emmental et enfournez sous le gril du four jusqu'à ce que le fromage soit fondu pour obtenir une texture croustillante.

Dégustez avec une petite salade de mâche et une vinaigrette à l'échalote.

Tempura de légumes et de crevettes

GRÉGORY COHEN

4 à 6	15 min	30 min
PERSONNES	PRÉPARATION	CUISSON

INGRÉDIENTS

Pour la sauce

15 cl d'eau + 1/2 cuil. à café de poudre de dashi

3 cuil. à soupe de mirin (saké doux)

3 cuil. à soupe de sauce soja salée

1 cuil. à soupe de saké de cuisson

Pour la garniture

8 grosses crevettes crues

1 poivron rouge

1 carotte

1 courgette

Pour la pâte à frire

1 l d'huile de tournesol

1 jaune d'œuf

15 cl d'eau gazeuse ou de bière

100 g de farine

30 g de fécule de maïs

Mettez au réfrigérateur l'eau gazeuse ou la bière, l'œuf et un saladier minimum 30 minutes à l'avance.

Préparez la sauce

Dans une casserole, portez à ébullition l'eau avec la poudre de dashi.
Ajoutez le mirin, le saké et la sauce soja. Faites cuire environ 3 minutes puis laissez refroidir.

Préparez la garniture

Préparez les légumes. Rincez et épluchez la courgette en conservant quelques stries pour la couleur verte, enlevez les graines du centre et découpez 8 rondelles assez fines.
Lavez et coupez 8 tranches de poivron rouge, enlevez les graines à l'intérieur et les parties blanches.
Lavez, épluchez et découpez la carotte en bâtonnets dans la longueur.
Décortiquez les crevettes, en conservant la queue.

Préparez la pâte à frire et réalisez les tempuras

Dans une sauteuse ou une casserole, faites chauffer l'huile à 180 °C.
Dans le saladier réfrigéré, fouettez énergiquement le jaune d'œuf avec l'eau gazeuse ou la bière.
Ajoutez la farine, la fécule de maïs et mélangez jusqu'à obtenir une pâte homogène.
Trempez les légumes ainsi que les crevettes dans la pâte et faites-les cuire dans l'huile par petites quantités, pour éviter qu'ils n'accrochent, pendant quelques minutes jusqu'à coloration.
Égouttez et déposez les beignets sur du papier absorbant.
Servez en assortiment avec des baguettes pour tremper dans la sauce refroidie.

Le dashi est un bouillon réalisé à base d'algue kombu et de *katsuobushi* (flocons de bonite séchée).

Guacamole

GRÉGORY COHEN

6
PERSONNES

10min
PRÉPARATION

LE + DU CHEF
Pour éviter que le guacamole noircisse, placez le noyau de l'avocat dans la préparation.

INGRÉDIENTS

- 3 avocats mûrs
- 6 tomates cerises ou 1 grosse tomate
- Le jus de 1 citron vert
- 1/2 oignon rouge
- 2 branches de coriandre
- 1 cuil. à café de cumin
- 1 cuil. à café de paprika fumé
- 1 cuil. à soupe d'huile d'olive
- 1 pincée de piment d'Espelette
- 1 pincée de fleur de sel

Dans un bol, versez le cumin, le piment d'Espelette, le paprika et la fleur de sel.

Découpez en petits cubes les tomates cerises ainsi que l'oignon. Ajoutez-y la coriandre ciselée finement.

Dans un grand bol, écrasez la chair des avocats à la fourchette et pressez le jus du citron vert dessus, ce qui permettra de conserver la belle couleur verte des avocats et apportera un petit peu d'acidité.

Pour l'assemblage, mélangez toutes les préparations et ajoutez un peu d'huile d'olive afin d'obtenir la consistance souhaitée.

Pas de service compliqué autour de la table basse où chacun s'installe à son aise avec des convives choisis.

PART. V

Goûter avec ou sans enfants

A

G

RECETTES

Goûter avec ou sans enfants

ALI REBEIHI

Comment retrouver l'émerveillement de l'enfance ? En goûtant, bien sûr ! Le « quatre-heures » reste consubstantiel à cette période bénie de la vie. Plaisir des carrés de chocolat dans un morceau de baguette, des tartines de beurre salé et confiture à la fraise, des bols crémeux de chocolat chaud, du croissant ou de la madeleine. Le goûter est devenu un temps fort dans la journée des enfants, un troisième repas qui favorise les liens entre copains, entre frères et sœurs. Qui n'a pas quémandé un jour à un camarade un petit bout de son goûter, plus désirable que le sien ? Pour ma part, je me souviens avec délectation des biscuits Paille d'Or® partagés avec ma camarade de classe Séverine B. à l'école Saint-Nicolas à Toulouse.

Le goûter reste un repère temporel fort de nos souvenirs d'enfance : « C'était l'heure du goûter. Avant de repartir nous restions longtemps à manger des fruits, du pain et du chocolat, sur l'herbe où parvenaient jusqu'à nous, horizontaux, affaiblis, mais denses et métalliques encore, des sons de la cloche de Saint-Hilaire », écrit Proust.

Plus tard, à l'âge adulte, quel réconfort de s'accorder un goûter régressif au milieu de l'après-midi, ou un *tea time* à l'image des thés somptueux auxquels nous convie le *Rebecca* de Daphné du Maurier, de terminer les dernières bouchées de scones ou de tartelette au citron, en songeant à ce poème de Maurice Carême :

On a dressé la table ronde
Sous la fraîcheur du cerisier.
Le miel fait les tartines blondes,
Un peu de ciel pleut dans le thé

On oublie de chasser les guêpes
Tant on a le cœur généreux.
Les petits pains ont l'air de cèpes
Égarés sur la nappe bleue.

Dans l'or fondant des primevères,
Le vent joue avec un chevreau ;
Et le jour passe sous les saules,

Grave et lent comme une fermière
Qui porterait, sur son épaule,
Sa cruche pleine de lumière.

Quatre heures, ce n'est ni le matin ni le soir, c'est cet entre-deux de liberté qui n'appartient à aucun calendrier, hors de tout agenda. Comme une échappée entre ciel et nuit, un temps suspendu au cœur de l'après-midi.

”

Comment retrouver l’émerveillement de l’enfance ? En goûtant, bien sûr ! Le « quatre-heures » reste consubstantiel à cette période bénie de la vie.

“

Ali Rebeihi

Biscuits sourire

GRÉGORY COHEN

15	15 min	10 min	15 min
BISCUITS ENVIRON	PRÉPARATION	REPOS	CUISSON

INGRÉDIENTS

230 g de farine de blé T55
130 g de beurre doux pommade
100 g de confiture, de pâte à tartiner ou de chocolat fondu
80 g de sucre glace
20 g de farine complète
1 œuf
2 g de sel

Préchauffez le four à 170 °C (th. 5-6).

Dans une jatte, mélangez le beurre, le sucre, les 2 farines et le sel. Sablez du bout des doigts. Ajoutez l'œuf. Mélangez pour obtenir une pâte homogène. Étalez entre 2 feuilles de papier sulfurisé et réservez au congélateur 10 minutes.

À l'aide d'un verre ou d'un emporte-pièce, détaillez dans la pâte des disques de 5 à 7 cm de diamètre. Creusez des yeux et une bouche avec un couteau dans la moitié des biscuits.

Enfournez pour 15 minutes.

Laissez refroidir.

Étalez un peu de confiture ou de pâte à tartiner sur les biscuits pleins. Refermez avec les biscuits creusés.

Cheesecake sans cuisson

GRÉGORY COHEN

4 à 6 PERSONNES | **15 min** PRÉPARATION | **2 h** CUISSON

LE + DU CHEF

Foisonnez la crème lentement afin de mieux incorporer l'air. Le froid aide à figer les molécules d'air dans la crème, lui permettant ainsi de monter.

INGRÉDIENTS

Pour le fond de tarte

150 g de biscuits à la cannelle type spéculoos

35 g de beurre pommade

Pour la crème

200 g de crème liquide (à 30 ou 35 % de matière grasse) bien froide

200 g de *cream cheese* (fromage à la crème ou fromage frais)

40 g de sucre glace

10 g de sucre vanillé

Pour servir

1 citron vert

Quelques feuilles de menthe

Préparez le fond de tarte

Mixez les biscuits avec le beurre. Foncez un moule avec le fond de tarte et réservez au frais.

Préparez la crème

Montez lentement la crème au fouet ou au robot.

Dans un bol, détendez le *cream cheese* avec le sucre glace et le sucre vanillé. Mélangez à la crème montée en 2 temps, délicatement pour garder la consistance du *cream cheese*.

Coulez le cheesecake dans le fond de tarte. Placez au frais pour environ 2 heures.

Au moment de servir, décorez de feuilles de menthe entières et ciselées et de rondelles de citron vert.

Cookies de folie

GRÉGORY COHEN

4 PERSONNES | **15**min PRÉPARATION | **6**min CUISSON

LE + DU CHEF
Si vous n'avez pas de pépites de chocolat, prenez une tablette de chocolat et concassez-la grossièrement.

INGRÉDIENTS
450 g de farine tamisée
300 g de beurre pommade
250 g de pépites de chocolat
155 g de sucre roux
100 g de sucre
5 cl de lait
25 g de poudre d'amandes
3 œufs
2 cuil. à café de levure chimique
1 cuil. à café de sel
100 g d'éclats de noisettes (facultatif)
50 g de pépites ou éclats de chocolat (facultatif)

Préchauffez le four à 180 °C (th. 6).

Mélangez tous les ingrédients pour obtenir une pâte. Formez de petites boules de la taille d'une noix et aplatissez-les avec la paume de la main, à l'épaisseur de votre choix, sur une plaque recouverte d'une feuille de papier sulfurisé ou d'une toile de cuisson.

Vous pouvez parsemer vos cookies de pépites de chocolat et d'éclats de noisettes.

Enfournez pour 6 minutes et régalez-vous !

Le goûter est devenu un temps fort dans la journée des enfants, un troisième repas qui favorise les liens entre copains, entre frères et sœurs.

Gratin de fruits rouges

GRÉGORY COHEN

6	10 min	15 min
PERSONNES	PRÉPARATION	CUISSON

LE + DU CHEF

Pour une version « goûter sans enfants », vous pouvez ajouter 20 cl de vin blanc à votre sabayon.

INGRÉDIENTS

500 g de fruits rouges (idéalement un mélange de mûres, fraises, framboises)
100 g de sucre semoule
6 jaunes d'œufs
Cassonade (facultatif)

Dans une casserole au bain-marie, blanchissez les jaunes, ajoutez le sucre semoule et continuez de fouetter jusqu'à ce que le sabayon ait doublé de volume. Retirez du feu.

Répartissez les fruits rouges dans 6 ramequins. Versez le sabayon dessus.

Enfournez les ramequins sur la grille haute du four en mode gril. Laissez gratiner, en laissant la porte du four entrouverte.

Vous pouvez saupoudrer de la cassonade sur le dessus du gratin pour qu'il caramélise plus rapidement. Servez aussitôt.

Le goûter reste un repère temporel fort de nos souvenirs d'enfance.

Guimauves à la fleur d'oranger

GRÉGORY COHEN

4	30 min	2 h
PERSONNES	PRÉPARATION	REPOS (MINIMUM)

LE + DU CHEF

Pour activer l'agar-agar, portez-le à ébullition dans un liquide en petite quantité. Il gélifie en refroidissant. Vous pouvez remplacer la fleur d'oranger par n'importe quelle autre saveur et vous amuser à colorer les guimauves.

INGRÉDIENTS

125 g de sucre en poudre
50 g de sucre glace
50 g de fécule de maïs
25 g de miel
3 g d'agar-agar (je préfère utiliser de la gélatine végétale pour les desserts, sinon 4 feuilles de gélatine de 2 g)
2 blancs d'œufs
1 cuil. à café d'eau de fleur d'oranger

Dans une casserole, mélangez 5 cl d'eau, le sucre et le miel.
Faites cuire à 121 °C en vous aidant d'une thermo-sonde. Si vous n'en avez pas, il faut que le sirop croûte légèrement sur les bords de la casserole.

Ajoutez l'agar-agar au sirop et retirez du feu.

Montez les blancs jusqu'à ce qu'ils soient mousseux, c'est-à-dire pas complètement montés.

Versez le sirop à 121 °C en petit filet sur les blancs, tout en continuant à battre, jusqu'à ce que le mélange refroidisse. Ajoutez la fleur d'oranger et battez à nouveau jusqu'à obtenir une belle meringue lisse.

Mélangez le sucre glace et la fécule. Saupoudrez la moitié du mélange sur une feuille de silicone.

Pochez les guimauves en bande (ou autre forme de votre choix) sur la feuille de silicone.

Saupoudrez de nouveau du mélange sucre glace/fécule, laissez croûter et reposer 2 heures au minimum.

Découpez les guimauves et passez-les une dernière fois dans le mélange sucre glace/fécule.

Mousse aux framboises et fraises

GRÉGORY COHEN

6 PERSONNES

40 min PRÉPARATION

1 h 40 CUISSON

INGRÉDIENTS

500 g de framboises
40 cl de crème liquide à 35 % de matière grasse
100 g de fraises
100 g de sucre
7 feuilles de menthe ciselées
6 biscuits cuillère
4 g d'agar-agar (ou 6 feuilles de gélatine de 2 g)
2 cuil. à soupe de sucre cassonade
Le jus de 1/2 citron

Mixez les framboises avec le sucre. Passez-les au tamis pour récupérer uniquement le coulis sans les graines.

Dans une casserole, faites chauffer les framboises avec l'agar-agar en mélangeant bien. Retirez du feu et laissez bien tiédir.

Montez la crème en chantilly et incorporez-la délicatement au coulis de framboises.

Faites un sirop avec 1 verre d'eau (environ 25 cl) et le sucre cassonade, l'eau doit réduire de moitié.

Découpez les fraises en petits morceaux et mélangez-les avec le jus de citron et la menthe ciselée.

Brisez grossièrement les biscuits cuillère et placez-les dans le fond de 4 verres. Ajoutez les fraises et coulez un peu de sirop. Ajoutez des biscuits et coulez la mousse framboise. Lissez bien et réservez au frais pendant 1 h 30.

Avant de servir, décorez avec des fraises et des framboises fraîches et une feuille de menthe.

Roses feuilletées aux pommes

GRÉGORY COHEN

6	20 min	20 min
PERSONNES	PRÉPARATION	CUISSON

INGRÉDIENTS

1 pâte feuilletée
8 pommes Pink Lady®
250 g de compote de pommes Golden non traitées
50 g de sucre semoule
20 g de sucre cassonade
15 g de beurre
Le jus de 1 citron
1 cuil. à café de cannelle en poudre
QS d'eau

Préchauffez le four à 200 °C (th. 6-7).

Dans un bol avec de l'eau, mélangez le jus de citron et le sucre semoule.

Lavez les pommes, coupez-les en 2 et épépinez-les. Réalisez de fines tranches à l'aide d'une mandoline ou d'un couteau. Plongez-les dans le bol d'eau et passez le tout 1 minute 30 au micro-ondes à pleine puissance ou 5 minutes dans une casserole d'eau frémissante. Les lamelles doivent être mi-cuites et rester fermes.

Étalez la pâte feuilletée, et découpez des bandes de 4 cm de large.

Égouttez les lamelles de pommes sur un papier absorbant. Installez-les sur la moitié de la bande de pâte en les faisant se chevaucher. Mettez de la compote de pommes sur l'autre moitié. Repliez la pâte feuilletée avec la compote sur les lamelles de pommes et roulez délicatement.

Placez ces feuilletés dans des moules à muffin préalablement beurrés. Ajoutez une noisette de beurre, une pointe de cannelle et du sucre cassonade sur le dessus et enfournez pour 20 à 25 minutes.

Tarte Tatin

GRÉGORY COHEN

4 à 6	30 min	10 min	20 à 25 min
PERSONNES	PRÉPARATION	REPOS	CUISSON

INGRÉDIENTS

1 pâte sucrée sablée ou feuilletée

8 à 10 pommes Pink Lady®

150 g de beurre

150 g de sucre en poudre

2 sachets de sucre vanillé

6 cuil. à café ou à soupe de crème épaisse (cela dépend de votre gourmandise)

Le zeste de 1/2 citron

Épluchez les pommes, retirez le trognon et coupez-les en 4.

Dans un moule à tarte (ou une poêle sans manche), faites fondre le beurre avec le sucre jusqu'à obtenir un caramel couleur dorée. Mettez-y les quartiers de pommes en les serrant les uns contre les autres – ils vont réduire à la cuisson. Saupoudrez de sucre vanillé et poursuivez la cuisson une dizaine de minutes à feu vif. Les pommes vont commencer à cuire et à s'imprégner de caramel.

Disposez la pâte sur les pommes : le sucre vanillé va faire adhérer la pâte, n'hésitez pas à presser avec les paumes des mains. Faites une cheminée, c'est-à-dire une petite entaille au milieu de la pâte avec la pointe d'un couteau, pour permettre à la vapeur de s'évacuer.

Enfournez à 180-200 °C (th. 6-7) pour 20 à 25 minutes, jusqu'à cuisson complète de la pâte.

Sortez du four. Attendez 10 minutes, placez une assiette sur la pâte et retournez le plat.

Servez chaque part avec une cuillerée de crème épaisse dessus et du zeste de citron.

PART. VI

Réinventer le brunch

A

INTERVENTION

P. 108

G

RECETTES

Réinventer le brunch

ALI REBEIHI

En entendant le mot *brunch*, on pense tout de suite à la caricature des bobos parisiens « brunchant » dans les établissements à la mode du Canal Saint-Martin, dans le Xe arrondissement de Paris... Pourtant, contrairement à une idée reçue, il ne s'agit pas d'une invention récente. La première mention de ce repas hybride apparaît en 1895 dans un article du *Hunter's weekly*. Sous le règne de Sa Majesté Victoria, de jeunes fêtards britanniques, épuisés par les agapes et boissons alcoolisées de la veille, mais peu désireux de prendre un petit déjeuner ou de s'attabler le dimanche midi, ont inventé ce repas d'un nouveau genre, contraction des mots anglais *breakfast*, « petit déjeuner », et *lunch*, « déjeuner ».

Il faudra attendre les années 1980-1990 pour que le brunch connaisse un certain engouement au sein des catégories sociales aisées et urbaines. Mais, avouons-le, ce nouveau repas du week-end n'a pas vraiment séduit une écrasante majorité de Français, solidement attachés au petit déjeuner traditionnel : pains, viennoiseries, thé, café, tartines beurrées, jus d'orange.

Le brunch est par essence un repas sans queue ni tête, transgressif, où tout est permis : on peut commencer par un clafoutis à la poire, enchaîner sur des œufs Bénédicte, de la brioche perdue, du *coleslaw*, des scones, des pancakes, un cake au citron, de la charcuterie italienne, du jus de fruit fraîchement pressé et du thé Darjeeling. Variété et opulence qui rappellent les somptueux buffets de petit déjeuner dégustés par la haute société anglaise dans la série britannique *Downton Abbey*. Liberté de partager les mets de son choix dans la convivialité la plus totale.

Le brunch, c'est être libre ensemble, le plus gourmand des oxymores...

”

Le brunch est par essence un repas sans queue ni tête, transgressif, où tout est permis : on peut commencer par un clafoutis à la poire, enchaîner sur des œufs Bénédicte...

“

Ali Rebeihi

Baghrir (crêpes aux mille trous)

GRÉGORY COHEN

12	15 min	15 à 20 min	10 min
CRÊPES ENVIRON	PRÉPARATION	REPOS	CUISSON

LE + DU CHEF

Posez un carré de fromage frais crémeux ou du chèvre frais sur la crêpe chaude pour qu'il fonde.

INGRÉDIENTS

425 g d'eau
200 g de semoule fine
100 g de farine
5 g de levure sèche
1 sachet de levure chimique
5 cuil. à soupe de miel
1 cuil. à soupe de sucre
1 cuil. à café de sel
1 branche de romarin

Dans un saladier ou la cuve de votre robot, mixez l'eau, le sucre et la levure sèche pendant 3 minutes environ.

Ajoutez la semoule, la farine, la levure chimique et le sel. Mixez à nouveau le tout pendant 3 minutes environ.

Laissez reposer à température ambiante pendant 15 à 20 minutes, le temps que les levures fassent effet.

Pendant ce temps, mettez le miel dans une casserole avec le romarin à basse température pour le faire bien infuser.

Dans une poêle à feu moyen, avec un peu de matière grasse, déposez une louche de la préparation. Vous verrez des trous se former, d'où son nom : la « crêpe à mille trous ».

Si vous ne voyez plus de trous apparaître, c'est signe que la crêpe est cuite, pas besoin de la retourner pour terminer la cuisson, elle ne se cuit que sur une face !

Au moment de servir, retirez la branche de romarin du miel, et versez un peu de miel sur chaque crêpe.

Camembert rôti au miel

GRÉGORY COHEN

4	5 min	10 min
PERSONNES	PRÉPARATION	CUISSON

INGRÉDIENTS
1 camembert
2 cuil. à soupe de miel
1 branche de romarin
QS de noix décortiquées

Ôtez la croûte supérieure du camembert.

Pour éviter que le fromage ne coule, enveloppez-le dans du papier aluminium ou du papier cuisson sans le refermer et remettez-le dans sa boîte. Vérifiez bien qu'il ne reste pas de plastique sur la boîte. Placez-le au four préchauffé à 180 °C (th. 6) pendant 8 minutes, puis sur la position gril le temps qu'il colore.

Dans une poêle, faites infuser le miel et le romarin à feu doux pour en libérer les saveurs.

Arrosez le camembert de cette infusion et concassez ou râpez des noix dessus.

Dégustez à la cuillère !

”

Liberté de partager les mets de son choix dans la convivialité la plus totale.

“

Tarama

GRÉGORY COHEN

4 à 6 PERSONNES | **10 min** PRÉPARATION | **4 h** REPOS

INGRÉDIENTS

- 1 poche de 250 g d'œufs de cabillaud
- 20 cl d'huile neutre
- 70 g de pain de mie sans la croûte
- 1/2 jaune d'œuf (10 g)
- 1/2 verre de lait
- Le jus de 1/4 de citron

Dans un bol, mettez la mie de pain et versez assez de lait pour l'imbiber complètement. Essorez la mie à la main pour enlever l'excédent de lait.

Ajoutez le demi-jaune d'œuf et mélangez à basse vitesse au fouet électrique pendant 2 minutes. Ajoutez 2 cuil. à soupe d'huile tout en mélangeant toujours à basse vitesse. Ouvrez la poche de cabillaud et prélevez les œufs. Incorporez-les au mélange œuf/mie de pain. Comme pour une mayonnaise, ajoutez le reste de l'huile en filet, tout en fouettant. Le tarama va prendre du volume et de la tenue.

Recouvrez de film alimentaire et laissez reposer au réfrigérateur pendant 4 heures. Ajoutez le jus de citron et fouettez avant de déguster.

Spanakopita

GRÉGORY COHEN

4 PERSONNES | **15 min** PRÉPARATION | **30 min** CUISSON

INGRÉDIENTS

12 feuilles de pâte filo
500 g de pousses d'épinards
400 g de feta
5 œufs
1 jaune d'œuf
1 gousse d'ail
1 noix de beurre
1 cuil. à soupe de graines de pavot ou de sésame
Huile d'olive
Sel et poivre du moulin

Préchauffez le four à 180 °C (th. 6).

Dans un saladier, fouettez les œufs avec la feta émiettée, un filet d'huile d'olive, du sel et du poivre.

Faites tomber les pousses d'épinards dans une grande poêle avec le beurre et un peu d'huile. Mélangez avec une fourchette plantée dans la gousse d'ail à feu moyen. Il faut que les épinards lâchent leur eau.

Égouttez les pousses d'épinards et assaisonnez-les. Ajoutez-les à l'appareil feta/œufs et mélangez.

Dans un plat à gratin huilé, déposez 2 feuilles de pâte filo et huilez-les. Répétez l'opération pour en avoir 6 au total.

Versez le mélange feta/épinards et recouvrez de 3 feuilles de pâte filo, d'un peu d'huile d'olive, et de 3 feuilles de pâte filo supplémentaires.

Badigeonnez d'un mélange jaune d'œuf/eau et parsemez de graines de pavot.

Enfournez pour 30 minutes.

Servez lorsque la spanakopita est dorée et croustillante.

Saumon gravlax rouge

GRÉGORY COHEN

4 à 6 PERSONNES | **20 min** PRÉPARATION | **48 h** REPOS

LE + DU CHEF

Pour réaliser un gravlax sans betterave, utilisez 200 g de sel et 200 g de sucre. Vous pouvez récupérer le sel et le sucre, les faire sécher et les réutiliser pour un autre saumon gravlax.

INGRÉDIENTS

Pour le saumon gravlax

500 g de filet de saumon frais avec la peau
200 g de gros sel
100 g de sucre en poudre
2 betteraves cuites
1 l d'huile d'olive
1 botte d'aneth frais
2 cuil. à soupe de baies roses
2 cuil. à soupe d'aneth séché
5 tours de moulin à poivre

Pour la sauce

3 cuil. à soupe d'huile de tournesol
2 cuil. à soupe de moutarde forte (Dijon)
2 cuil. à soupe de miel
2 cuil. à soupe de vinaigre blanc
1 bouquet d'aneth
1 pincée de sel et de poivre

Préparez le saumon gravlax

L'avant-veille, coupez de larges bandes de film alimentaire et disposez-les sur le plan de travail pour former une croix, d'une superficie d'environ 2 fois la taille du filet de saumon. Placez le filet de saumon la peau contre le film.

Découpez grossièrement l'aneth frais et mélangez-en avec le sucre, le sel et le poivre.

Mixez les betteraves, égouttez-les et ajoutez-les à ce mélange.

Recouvrez intégralement la chair du saumon de cette préparation et rabattez le film alimentaire en serrant bien le saumon. Placez-le dans un plat et mettez un poids dessus pour optimiser l'imprégnation, réservez au réfrigérateur pour 24 heures.

La veille, sortez le saumon, retirez le film et passez rapidement le poisson sous l'eau pour enlever l'excédent de salaison. Séchez-le intégralement et minutieusement à l'aide de papier absorbant.

Mélangez l'aneth séché et les baies roses en les écrasant un peu et appliquez-les sur la chair du saumon devenu « gravlax » en appuyant bien pour qu'elle s'imprègne du mélange.

Mettez le saumon dans un plat à rebord et recouvrez-le d'huile d'olive. Filmez le tout et placez-le au réfrigérateur pour 24 heures supplémentaires.

Le jour même, enlevez le film : le saumon est prêt à être dégusté.

Préparez la sauce

Mélangez tous les ingrédients en prenant soin d'avoir bien ciselé l'aneth auparavant. Montez comme une mayonnaise.

Servez le saumon accompagné de la sauce.

Avocado toast

GRÉGORY COHEN

2 TOASTS | **5min** PRÉPARATION | **6min** CUISSON

INGRÉDIENTS

2 tranches de pain complet
1 avocat
1 œuf mollet
Le jus de 1/2 citron
Feuilles de roquette
1 cuil. à café d'huile d'olive
Graines de tournesol, de courge, etc.
Sel et poivre

Toastez les tranches de pain.

Dans un bol, écrasez l'avocat avec le jus de citron et 1 cuil. à café d'huile d'olive. Salez et poivrez.

Étalez l'avocat sur le pain. Disposez quelques feuilles de roquette, parsemez de graines et posez l'œuf mollet sur la tartine.

"

Le brunch, c'est être libre ensemble, le plus gourmand des oxymores...

"

Banoffee

GRÉGORY COHEN

4 à 6	30 min	2 h 20	10 min
PERSONNES	PRÉPARATION	REPOS	CUISSON

INGRÉDIENTS

Pour le fond de tarte express

60 g de biscuits secs type biscuits thé

15 g de beurre pommade

Pour l'appareil à banoffee

4 bananes

140 g de sucre

60 g de beurre doux

20 g de beurre salé

1 bouchon de rhum (facultatif)

Pour le dressage

Crème mascarpone (voir recettes de base p. 192)

QS de cacao en poudre

Préparez le fond de tarte express

Préchauffez le four à 160 °C (th. 5-6).

Écrasez les biscuits avec le beurre. Étalez au rouleau à pâtisserie entre 2 feuilles de papier sulfurisé. Découpez à la taille du moule. Vous pouvez aussi tasser le mélange biscuits/beurre au fond du moule.

Faites cuire à blanc 10 minutes pour sécher et rendre la pâte croustillante.

Préparez l'appareil à banoffee

Découpez les bananes grossièrement et mettez-les dans une poêle avec le beurre à feu moyen. Remuez sans arrêt, les bananes vont fondre, n'hésitez pas à les écraser un peu, mais pas trop : il faut conserver des morceaux. Ajoutez 60 g de sucre en poudre et faites-les flamber, si vous avez opté pour le rhum.

Dans une autre casserole, préparez le caramel. Démarrez la cuisson en chauffant les 80 g de sucre restants à sec. Lorsqu'il devient doré, ajoutez le beurre et mélangez.

Incorporez le caramel dans l'appareil à la banane qui est en train de confire. Laissez compoter à feu doux pendant 5 minutes. La couleur doit être ambrée.

Coulez sur la pâte et réservez au frais pendant 20 minutes.

Démoulez.

Dressage

Recouvrez le gâteau de crème mascarpone, lissez à l'aide d'une spatule coudée et saupoudrez de cacao en poudre. Remettez au frais 2 heures avant de déguster.

Cake marbré au caramel

GRÉGORY COHEN

4 à 6 PERSONNES

15 min PRÉPARATION

40 min CUISSON (ENVIRON)

INGRÉDIENTS

Pour le caramel

100 g de sucre semoule

40 g de beurre demi-sel coupé en morceaux

Pour le cake

255 g de farine + pour le moule

125 g d'huile de tournesol

125 g de sucre semoule

1 yaourt nature (125 g)

3 œufs

50 g de chocolat noir

1 sachet de levure chimique

Beurre pour le moule

Préparez le caramel

Dans une casserole sur feu vif, réalisez un caramel à sec, c'est-à-dire sans autre ingrédient que le sucre. Quand la couleur est dorée, incorporez le beurre, mélangez et laissez tiédir hors du feu.

Préparez le cake

Préchauffez le four à 165 °C (th. 5-6).

Séparez les blancs des jaunes d'œufs. Dans la cuve du batteur, mélangez les jaunes avec le sucre : ils vont blanchir et tripler de volume. Ajoutez le yaourt nature et mélangez. Ajoutez l'huile et mélangez. Incorporez la farine tamisée en 4 fois.

Versez un tiers de la pâte dans un autre récipient. Incorporez le caramel et mélangez à la Maryse.

Coulez la préparation neutre dans un moule à cake préalablement chemisé de beurre et de farine. Tapez le moule sur la table pour lisser la préparation. Coulez l'appareil à caramel dessus. Tapotez à nouveau. Marbrez le cake en imprimant quelques mouvements dans la pâte à l'aide d'une baguette. Saupoudrez de chocolat râpé.

Enfournez pour environ 40 minutes.

Laissez refroidir et démoulez.

PART. VII

Pique-nique so chic

Pique-nique so chic

ALI REBEIHI

Ô les beaux jours ! Quel plaisir de déjeuner en plein air, dans un parc, un jardin ou au bord de l'eau. Comme le rappelle Raphaële Marchal, le pique-nique, c'est le voyage avant la destination. Il est vrai que l'idée rend presque aussi heureux que le pique-nique lui-même…

Partir en pique-nique, c'est se mettre en quête de l'endroit rêvé. Il peut devenir le but du trajet.
On peut aussi se laisser guider par la déesse du hasard pour dénicher le lieu providentiel, comme s'il s'agissait d'une prédestination, et rejouer *Le Déjeuner sur l'herbe* de Manet.

L'anthropologue David Le Breton rappelle le bonheur de tirer son repas du sac à dos quand on marche dans la nature, de manger au bord du chemin, fourbu, affamé et heureux. En randonnée, il faut guetter le *momentum*, ce moment idéal pour se sustenter, en règle générale aux deux tiers de la balade…

Le mot pique-nique vient de *piquer*, qui signifie « picorer », et de *nique*, qui date de la fin du XIIe siècle et veut dire « de peu de valeur ». Simplicité des œufs durs, des tomates à la croque au sel, des chips et du jambon-beurre, ou plaisir de mets plus sophistiqués : babka aux herbes et au chèvre frais, rillettes de thon germon à la brousse, poire pochée à la verveine en bocaux. Joie d'utiliser une jolie vaisselle en porcelaine dans un panier en osier. Tristesse du sandwich-triangle spongieux dans son sarcophage en plastique, qui n'invite nullement à la rêverie.

Dans *La Cuisine en plein air*, Édouard de Pomiane célèbre les pique-niqueurs, « ceux qui savent s'échapper de la vie de tous les jours, qui savent se recueillir en face d'un site avec lequel ils communient, et qui sont libres de manger quand il leur plaît, où il leur plaît, ce qui leur plaît ».
Le pique-nique fleure bon l'anarchisme de bon aloi.

”

Ô les beaux jours !
Quel plaisir de déjeuner
en plein air,
dans un parc, un jardin
ou au bord de l'eau.

“

Ali Rebeihi

Cake aux deux tomates cœur mozzarella

GRÉGORY COHEN

6 PERSONNES | **15 min** PRÉPARATION | **35 à 50 min** CUISSON

LE + DU CHEF

Accompagnez votre cake d'une pointe de vinaigre balsamique, d'un filet d'huile d'olive, d'un quart de tour de moulin à poivre et d'une feuille de basilic.

INGRÉDIENTS

250 g de farine
200 g de mozzarella
100 g de crème fraîche
10 tomates cerises
5 tomates séchées
4 œufs
10 g de farine + pour le moule
10 g de levure chimique
10 g de beurre pour le moule
2 cuil. à soupe d'huile d'olive
3 g de sel

Dans un saladier, mélangez la farine, la levure et le sel. Ajoutez les œufs et mélangez jusqu'à obtention d'une pâte homogène. Ajoutez la crème fraîche, l'huile d'olive et fouettez le tout vigoureusement. Hachez les tomates séchées pour obtenir de petits morceaux et incorporez-les à la pâte à cake.

Égouttez bien la mozzarella et émiettez-la.

Lavez et équeutez les tomates cerises.

Beurrez et farinez un moule à cake. Éliminez l'excédent de farine en tapotant sur le dos du moule retourné.

Versez la moitié de la pâte dans le moule, ajoutez la mozzarella et versez dessus le reste de pâte. Tapotez le moule pour lisser la préparation puis enfoncez les tomates cerises à l'intérieur.

Mettez à cuire dans un four chaud à 180 °C (th. 6) pour 35 à 45 minutes.

Lorsque le cake est cuit, passez le four sur gril le temps que le cake croûte et colore pour le faire croustiller (pas plus de 7 minutes).

Feta rôtie

GRÉGORY COHEN

2	5 min	10 min
PERSONNES	PRÉPARATION	CUISSON

INGRÉDIENTS

1 paquet de feta (200 g)
1 cuil. à soupe d'huile d'olive
1 cuil. à café de paprika fumé
1 pincée de piment d'Espelette

Égouttez la feta et mettez-la dans un plat allant au four. Faites couler un filet d'huile d'olive dessus, saupoudrez de piment d'Espelette et de paprika.

Enfournez à 200 °C (th. 6-7) pour 5 minutes, puis passez en mode gril 5 minutes, le temps qu'elle prenne des couleurs.

” Partir en pique-nique, c'est se mettre en quête de l'endroit rêvé. Il peut devenir le but du trajet. “

Salade de pois chiches

GRÉGORY COHEN

6 PERSONNES

5 min PRÉPARATION

INGRÉDIENTS

2 bocaux de pois chiches bio de 250 g
15 cl d'huile de colza
1 oignon rouge
Le jus de 1/2 citron
4 branches de persil plat
6 feuilles de menthe
2 cuil. à soupe de paprika fumé
2 cuil. à soupe de cumin
1 cuil. à café de harissa
1 pincée de sel

Videz dans une passoire les bocaux de pois chiches. Rincez plusieurs fois les pois chiches, mettez-les dans un plat et ajoutez le jus de citron et le sel.

Dans l'un des bocaux vides, mettez l'huile de colza, le paprika et le cumin. Ajoutez l'oignon finement haché et la harissa. Refermez le bocal et secouez-le pour bien mélanger tous les ingrédients.

Coulez cette sauce sur les pois chiches, mélangez.

Ciselez le persil plat et la menthe et faites-les tomber sur les pois chiches.

Le mot pique-nique vient de piquer, qui signifie « picorer », et de nique, qui date de la fin du XIIe siècle et veut dire « de peu de valeur ».

Tarte aux poireaux vanillés

GRÉGORY COHEN

6 PERSONNES | 20 min PRÉPARATION | 30 min CUISSON (ENVIRON)

LE + DU CHEF

Lorsque vous faites une tarte avec du fromage, laissez-la toujours tiédir avant de la découper. Le fromage, en se figeant, donne une tenue à la tarte.

INGRÉDIENTS

1 pâte sablée ou feuilletée

Pour l'appareil aux poireaux

4 poireaux
200 g d'emmental râpé
15 cl de lait
15 cl de crème liquide
2 œufs
1 sachet de sucre vanillé
1 cuil. à soupe de beurre
1/2 verre d'eau
Sel et poivre

Rincez bien les poireaux et découpez-les en fines rondelles. Mettez-les dans une poêle avec le beurre à feu doux sans les colorer. Ajoutez l'eau et le sucre vanillé. Laissez compoter jusqu'à évaporation de l'eau.

Dans un saladier, mélangez les œufs avec le lait et la crème liquide et assaisonnez. Ajoutez le fromage et mélangez avec les poireaux.

Foncez la pâte dans un plat à tarte. Versez l'appareil aux poireaux dessus et enfournez la tarte à 180 °C (th. 6) pour environ 30 minutes.

Chakchouka

GRÉGORY COHEN

4	20 min	20 min
PERSONNES	PRÉPARATION	CUISSON

LE + DU CHEF

Vous pouvez casser 4 œufs sur le mélange et placer le tout au four à 200 °C (th. 6-7) 4 à 5 minutes environ, le temps que les œufs cuisent (les jaunes doivent rester coulants).

INGRÉDIENTS

- 1 oignon rouge
- 2 poivrons rouges
- 20 cl d'eau
- 2 gousses d'ail écrasées
- 20 cl de sauce tomate (voir recettes de base p. 189)
- 3 tomates
- 5 cl d'huile d'olive
- 1 cuil. à café de paprika
- 1/2 cuil. à café de harissa
- 1/2 cuil. à café de sucre
- 2 branches de persil plat ou de coriandre ciselées grossièrement
- Sel et poivre

Émincez l'oignon et faites-le suer dans un faitout avec l'huile d'olive et le sucre.

Découpez les poivrons en morceaux d'environ 1 cm de côté. Lorsque les oignons deviennent translucides, placez-les dans le faitout. Laissez cuire en remuant environ 5 minutes Ajoutez l'eau et le paprika. Couvrez pour environ 10 minutes. Les poivrons vont commencer à s'attendrir.

Ajoutez l'ail écrasé, continuez à cuire à découvert jusqu'à ce que l'eau soit totalement évaporée.

Ajoutez la sauce tomate et la harissa. Laissez compoter 10 minutes supplémentaires.

Taillez grossièrement les tomates et jetez-les dans le mélange poivrons/sauce tomate.

Versez la chakchouka dans un plat, parsemez de persil plat ciselé, d'un tour de moulin à poivre et d'une pincée de sel. Dégustez.

Triangles au fromage et pommes de terre

GRÉGORY COHEN

20	15 min	12 min
TRIANGLES	PRÉPARATION	CUISSON

INGRÉDIENTS
6 feuilles de brick
3 pommes de terre
2 œufs
200 g d'emmental râpé
Huile de friture
Sel et poivre

Dans une casserole, faites bouillir les pommes de terre. Épluchez-les puis écrasez-les en les mélangeant aux œufs et à l'emmental. Assaisonnez à votre goût.

Découpez des bandes de brick d'environ 5 à 7 cm de largeur et de la longueur de la feuille.

Mettez 1 cuil. à soupe de l'appareil à 5 cm du bord de droite.

Rabattez le coin supérieur droit vers le bas : cela donnera une forme de triangle.

Faites de même en rabattant le coin inférieur droit vers le haut et continuez en alternant. Il vous restera à la fin un peu de brick, insérez-la dans le pli du triangle.

Faites frire dans une huile bien chaude environ 2 minutes de chaque côté.
Pour vérifier si l'huile est assez chaude, mettez la pointe d'un triangle dans le bain d'huile : s'il frit immédiatement, la température est bonne.

Une fois la couleur des bricks satisfaisante, débarrassez sur un papier absorbant !

”

Le pique-nique fleure bon l'anarchisme de bon aloi.

“

Panna cotta aux fraises

GRÉGORY COHEN

4	10 min	2 h
PERSONNES	PRÉPARATION	REPOS

LE + DU CHEF

Vous pouvez aussi napper vos panna cotta de coulis et décorer le dessus avec une demi-fraise.

INGRÉDIENTS

- 100 g de lait demi-écrémé
- 100 g de lait de coco (ou autre boisson végétale de votre choix)
- 10 g de sucre de coco (ou sucre semoule)
- 10 fraises
- 4 cuil. à soupe de confiture de fraises
- 1 g d'agar-agar ou 3 feuilles de gélatine (3 g)
- Coulis de fruits rouges ou confiture

Hydratez la gélatine dans de l'eau froide.

Dans une casserole, faites chauffer le lait et le sucre, ajoutez la gélatine essorée ou l'agar-agar.

Dans un saladier, mélangez le tout au fouet avec le lait de coco.

Pour le montage, versez 1 cuil. à soupe de confiture de fraises dans le fond de 4 verrines. Coulez la panna cotta dessus et faites prendre au frais 2 heures minimum.

Étalez 1 cuillerée de coulis ou de confiture sur les panna cotta. Décorez avec des fraises coupées en morceaux.

PART. VIII

Dîner pour épater la galerie

Dîner pour épater la galerie

ALI REBEIHI

Mettre les petits plats dans les grands, régaler ses convives avec des mets de choix en arborant une belle vaisselle, mettre en scène une jolie table, nappe épaisse, chandeliers chinés, bouquet d'hortensias... Organiser un dîner de fête, c'est affirmer le souci de l'autre, avec la préoccupation de faire plaisir. Prendre le temps de choyer ses convives, goût de l'effort dans l'espoir de ravir ses invités, comme dans le fabuleux *Festin de Babette* de Karen Blixen.

Babette Hersant est une cuisinière française hors-pair qui a fui la Commune de Paris et redonne vie à une communauté norvégienne (danoise dans le beau film de Gabriel Axel) très austère en offrant à ses membres le plus voluptueux des dîners après avoir gagné à la loterie : soupe de tortue géante, blinis Demidoff, cailles en sarcophage farcies au foie gras et à la sauce aux truffes, salade d'endives aux noix, fromages, babas au rhum et fruits confits, accompagnés de Clos Vougeot 1845 et de Veuve Clicquot 1860.

Le vrai repas de fête célèbre le goût des autres, l'inverse d'un repas nombriliste pour épater la galerie et se mettre en valeur.

Dans *La Force de l'âge*, Simone de Beauvoir nous rappelle que *« la fête est avant tout une ardente apothéose du présent, en face de l'inquiétude de l'avenir »*. Vertus anxiolytiques des repas de noces, d'anniversaire ou de Noël qui nous font oublier la rudesse de la condition humaine.
Ce sont des repas de promesses tenues, de pari sur ce qui nous attend encore, une célébration de la vie avec tout le neuf qu'elle peut apporter.

”

Organiser un dîner de fête, c’est affirmer le souci de l’autre, avec la préoccupation de faire plaisir. Prendre le temps de choyer ses convives, goût de l’effort dans l’espoir de ravir ses invités.

“

Ali Rebeihi

Black cod Koendo

GRÉGORY COHEN

4	10 min	48 h	15 min
PERSONNES	PRÉPARATION	REPOS	CUISSON

INGRÉDIENTS

4 filets de *black cod* (charbonnier) ou de cabillaud d'environ 230 g chacun

Pour la sauce Koendo

450 g de pâte miso blanche

225 g de sucre en poudre

15 cl de saké de cuisson

15 cl de mirin

5 cl de jus de yuzu

4 tiges de citronnelle cassées

Préparez la sauce Koendo

Dans une casserole, mélangez le saké, le mirin et le jus de yuzu. Portez à ébullition. Laissez bouillir pendant 20 secondes et flambez pour que l'alcool s'évapore. Sur feu doux, ajoutez la pâte miso et les tiges de citronnelle en mélangeant avec une spatule.

Lorsque le miso est complètement dissous, remettez sur feu vif et ajoutez le sucre en poudre, en mélangeant constamment pour éviter que le fond de la casserole n'attache. Une fois que le sucre est totalement dissous, retirez la casserole du feu et laissez refroidir à température ambiante.

Essuyez les filets de cabillaud avec du papier absorbant.

Placez les filets dans un plat et nappez-les entièrement de sauce Koendo. Filmez et laissez mariner au réfrigérateur pendant 48 heures.

Préchauffez le gril du four à 200 °C (th. 6-7). Enlevez l'excès de sauce miso autour des filets.

Passez les filets au gril : à l'apparition d'une belle couleur caramélisée, laissez cuire encore une dizaine de minutes.

Côtes de veau au beurre noisette vanillé

GRÉGORY COHEN

4	5min	10min
PERSONNES	PRÉPARATION	CUISSON

INGRÉDIENTS
4 côtes de veau
30 g de beurre demi-sel
15 g de beurre doux pommade
1 gousse de vanille
Poivre du moulin

Fendez la gousse de vanille et récupérez les graines. Incorporez-les dans le beurre pommade et réservez.

Dans une poêle à feu vif, faites fondre le beurre demi-sel jusqu'à l'obtention d'un beurre noisette. Retirez alors la poêle du feu et filtrez le beurre pour retirer les impuretés. Remettez dans la poêle sur le feu et ajoutez le beurre pommade vanillé.

Déposez les côtes de veau et la gousse de vanille dans la poêle, elles vont rapidement colorer.

Retirez la poêle du feu. À l'aide d'une cuillère à soupe, arrosez les côtes de veau de beurre. Nourrissez-les régulièrement avec le beurre et jouez avec le feu en remettant et retirant la poêle pour éviter que le beurre ne brûle en conservant une température élevée.

Retournez les côtes de veau et poursuivez la cuisson. Elles doivent rester rosées à cœur.

Servez en arrosant du beurre chaud et d'un tour de moulin à poivre.

»

Mettre les petits plats dans les grands, régaler ses convives avec des mets de choix.

«

Magret de canard laqué

GRÉGORY COHEN

4	10 min	10 min
PERSONNES	PRÉPARATION	CUISSON

LE + DU CHEF

Conservez le gras de cuisson du canard pour y faire revenir des pommes de terre, par exemple, avec une branche de thym et une gousse d'ail, c'est excellent.

INGRÉDIENTS

2 magrets de canard d'environ 400 g

Le jus de 2 oranges

50 g de miel

30 g de sauce soja salée

5 g de gingembre râpé

1 cuil. à café de vinaigre de cidre

Poivre du moulin

Dans une casserole, versez le miel et faites-le cuire jusqu'à ce qu'il prenne une couleur caramel. Déglacez-le avec le vinaigre de cidre et le jus des oranges, et laissez réduire à peu près de moitié.

Ajoutez la sauce soja et le gingembre râpé et laissez cuire jusqu'à obtention d'une consistance sirupeuse.

Marquez les magrets de canard côté peau avec un couteau en les striant dans la longueur et la largeur pour obtenir des petits carrés d'environ 2 cm de côté. Attention : n'attaquez pas la chair, restez uniquement sur le gras. Dans une poêle bien chaude, sans matière grasse puisque le canard va cuire dans sa propre graisse, faites cuire les magrets côté peau dans un premier temps, elle va fondre. Retournez-les et continuez la cuisson 2 à 3 minutes environ côté chair.

Retirez les magrets du feu et placez-les dans un plat allant au four. Badigeonnez-les de marinade pour bien les laquer et enfournez-les sous le gril du four par sessions d'environ 30 secondes entrecoupées de badigeonnage. Cette opération doit être effectuée 4 fois.

Laissez reposer, donnez un demi-tour de moulin à poivre et dégustez. N'ajoutez pas de sel, la sauce soja est naturellement salée.

Soufflés au comté

GRÉGORY COHEN

11	15 min	12 à 15 min
SOUFFLÉS	PRÉPARATION	CUISSON

LE + DU CHEF

Pour réussir à tous les coups les blancs en neige, il vous faut des œufs à température, c'est-à-dire sortis du réfrigérateur depuis au moins 30 minutes. Il n'est pas nécessaire de conserver ses œufs au réfrigérateur. Si vous avez un doute sur la fraîcheur de vos œufs, placez-les dans un verre d'eau. Si l'œuf coule, il est propre à la consommation. S'il est entre deux eaux, il est encore bon; en revanche s'il flotte à la surface, il est impropre à la consommation. Pour monter les blancs en neige, démarrez toujours à vitesse moyenne. L'objectif est de faire rentrer le maximum de bulles d'air dans les blancs, prenez votre temps.

Le petit secret de la réussite des soufflés tient en un mot: chemiser. C'est l'action qui consiste à habiller l'intérieur d'un moule ou d'un ramequin avec du beurre du fond du moule aux côtés, puis de la farine pour un soufflé salé ou du sucre pour un soufflé sucré. Cette action permet au soufflé de bien se développer et de ne pas retomber.

INGRÉDIENTS

Pour la béchamel

75 cl de lait
120 g de farine
120 g de comté râpé
90 g de beurre
Noix de muscade
Sel et poivre

Pour les soufflés

6 œufs
Beurre et farine pour les moules

Préparez la béchamel

Dans une casserole, faites fondre le beurre, ajoutez la farine et faites cuire tout doucement en remuant environ 5 minutes. Versez le lait en plusieurs fois en n'arrêtant pas de mélanger.

Quand le mélange a épaissi, ajoutez le comté râpé et assaisonnez de sel, de poivre et de noix de muscade.

Préparez les soufflés

Préchauffez le four à 200 °C (th. 6-7).

Séparez les blancs des jaunes d'œufs. Ajoutez les jaunes blanchis au fouet à la béchamel, mélangez et laissez reposer le temps de monter les blancs en neige fermement.

Versez l'appareil de béchamel au comté dans les blancs montés en 2 fois. La première fois en versant 1/5 des blancs et en mélangeant énergiquement pour détendre la préparation. La seconde fois en mettant le reste des blancs délicatement pour éviter de les casser et conserver leur texture aérienne.

Chemisez les moules à soufflé de beurre et de farine et tapotez-les pour enlever l'excédent de farine.

Mettez de l'appareil dans chaque moule.

Enfournez à mi-hauteur et baissez la température à 180 °C (th. 6). Faites cuire 12 à 15 minutes.

Tartare de betterave

GRÉGORY COHEN

4 PERSONNES

15 min PRÉPARATION

INGRÉDIENTS

400 g de betteraves rouges cuites (100 g par personne)

2 oignons rouges

15 g de cornichons

5 branches d'estragon

2 cuil. à soupe de sauce soja

2 cuil. à soupe de câpres

2 cuil. à soupe de mayonnaise maison (voir recettes de base p. 189)

QS de Tabasco®

Sel et poivre

Hachez les betteraves au couteau comme pour un tartare classique.

Ciselez les oignons finement et mélangez-les aux betteraves dans un saladier.

Ajoutez les câpres, les feuilles d'estragon préalablement hachées, quelques gouttes de Tabasco®, la sauce soja, les cornichons hachés et la mayonnaise.

Mélangez le tout. Rectifiez l'assaisonnement selon vos goûts.

Mélangez aux betteraves.

Dressez joliment dans l'assiette et dégustez.

”

Organiser un dîner de fête, c'est affirmer le souci de l'autre, avec la préoccupation de faire plaisir. Prendre le temps de choyer ses convives, goût de l'effort dans l'espoir de ravir ses invités, comme dans le fabuleux *Festin* de Babette de Karen Blixen.

“

Tarte Tatin aux oignons nouveaux

GRÉGORY COHEN

4 à 6 PERSONNES — **25 min** PRÉPARATION — **1 h 10** CUISSON

INGRÉDIENTS

1 pâte brisée (voir recettes de base p. 186)
1 kg d'oignons nouveaux
2 crottins de chèvre frais
30 g d'huile d'olive
25 g de sucre
20 g de beurre
15 g de vinaigre balsamique
2 cuil. à soupe d'huile d'olive
1 cuil. à soupe de miel
3 branches de thym citron
1 branche de romarin
1 pincée de piment d'Espelette
Sel et poivre

Lavez et coupez les oignons en 2 dans le sens de la hauteur et réservez les tiges.

Dans une sauteuse, faites chauffer 1 cuil. à soupe d'huile d'olive, le beurre, le romarin. Faites-y revenir et colorer les oignons pendant 5 minutes.

Retirez le romarin. Ajoutez le vinaigre balsamique et le miel, salez, poivrez. Laissez colorer à nouveau 5 minutes en retournant délicatement les oignons. Ajoutez l'équivalent d'un verre d'eau et laissez compoter 45 minutes à couvert.

Préchauffez le four à 180 °C (th. 6).

Beurrez un moule à tarte, saupoudrez le fond de sucre et disposez les oignons côté bombé vers le haut.

Déroulez la pâte brisée par-dessus, en rabattant l'excédent de pâte sur les bords pour bien tenir les oignons. Enfournez pour environ 25 minutes. La pâte doit avoir bien coloré.

Retournez la tarte à l'aide d'une assiette.

Émiettez le chèvre dans un bol et mélangez-le avec le thym, 1 cuil. à soupe d'huile d'olive, le piment d'Espelette et quelques tiges d'oignon ciselées finement.

Parsemez sur la tarte et dégustez.

Fraisier 1/2

GRÉGORY COHEN

4 à 6	30 min	2 h à 1 nuit	10 min
PERSONNES	PRÉPARATION	RÉFRIGÉRATION	CUISSON

LE + DU CHEF

Si vous n'avez pas de Rhodoïd®, placez votre dessert au congélateur pendant 2 heures pour éviter que la crème ne colle aux parois. Après le démoulage, lissez la crème à l'aide d'une spatule humidifiée.

INGRÉDIENTS

Pour le sirop

40 cl d'eau
100 g de sucre
1 gousse de vanille

Pour la génoise

120 g de sucre
100 g de farine
50 g de beurre fondu
4 œufs

Préparez le sirop

Coupez la gousse de vanille en 2 et grattez-la dans 40 cl d'eau. Ajoutez le sucre. Portez le tout à ébullition pendant 2 à 3 minutes. Retirez du feu et laissez infuser.

Préparez la génoise

Préchauffez le four à 190 °C (th. 6-7). Séparez les blancs des jaunes d'œufs et montez les blancs en neige. Lorsqu'ils sont bien fermes, ajoutez un tiers du sucre et mélangez bien pour que le sucre s'incorpore.

Blanchissez ensuite les jaunes avec le restant de sucre et incorporez le beurre, la moitié de la farine tamisée et 3 cuil. à soupe de blancs en neige. Mélangez bien et ajoutez le reste de farine tamisée. Incorporez délicatement la préparation d'œufs en neige en 3 fois à la spatule pour ne pas les casser.

Coulez la pâte dans un cercle à pâtisserie de 20 cm de diamètre. Enfournez à four chaud pour 10 minutes.

Démoulez et laissez refroidir avant de découper la génoise pour obtenir 2 disques. Imbibez-les de sirop. Réservez un peu de sirop pour les fraises en garniture.

•••

Fraisier 2/2

•••

Pour la crème

30 cl de lait demi-écrémé
25 cl de crème liquide entière
50 g de sucre
45 g de fécule de maïs
2 jaunes d'œufs
1 gousse de vanille
1 g d'agar-agar

Pour la garniture

500 g de fraises lavées et équeutées

Préparez la crème

Dans une casserole, faites chauffer le lait avec la gousse de vanille fendue et grattée. Quand le lait frémit, ajoutez l'agar-agar et laissez monter en température à première ébullition.

Parallèlement, blanchissez les jaunes d'œufs avec le sucre et ajoutez la fécule de maïs. Versez le lait bouillant dessus en 1 fois et mélangez bien pour lisser le tout.

Remettez sur le feu et fouettez constamment, pour éviter que la crème n'accroche. Lorsque la crème pâtissière épaissit, retirez-la du feu et versez-la dans un bol propre. Couvrez-la au contact avec du film alimentaire et laissez refroidir.

Montez la crème liquide bien ferme. Ajoutez-la à la crème pâtissière froide. Mettez-la dans une poche à douille et réservez au frais.

Montez le fraisier

Coupez les fraises en 2 dans le sens de la hauteur. Réservez-en une dizaine pour la finition.

Disposez un disque de génoise dans le cercle chemisé avec une feuille de Rhodoïd® ou un papier cuisson froid, ajoutez de la crème mousseline et disposez un rang de fraises contre le bord du cercle, face tranchée vers l'extérieur. Plaquez bien les fraises contre le cercle et complétez l'intérieur avec la crème et des morceaux de fraise.

Recouvrez avec le deuxième cercle de génoise.

Placez le fraisier au frais entre 2 heures et 1 nuit avant de le démouler.

Avant de servir, coupez les fraises restantes en rondelles d'environ 1 mm d'épaisseur et disposez-les sur le fraisier de manière à le recouvrir entièrement. Faites-les briller en appliquant du sirop à l'aide d'un pinceau.

Tarte au citron

GRÉGORY COHEN

6	25 min	4 h
PERSONNES	PRÉPARATION	RÉFRIGÉRATION

INGRÉDIENTS

1 pâte sucrée cuite à blanc (voir recettes de base p. 186)

170 g de jus de citron jaune

1/2 citron jaune non traité

1 citron vert non traité

120 g de sucre

80 g de beurre doux coupé en cubes

15 g de fécule de pomme de terre

2 œufs

1 feuille de basilic

1 feuille de gélatine (2 g)

Dans une casserole, faites bouillir les jus de citron et le zeste du demi-citron jaune.

Dans un bol, mélangez les œufs, le sucre et la fécule de pomme de terre.

Ciselez la feuille de basilic très finement.

Trempez la feuille de gélatine dans de l'eau froide.

Versez le jus de citron encore bouillant en 2 fois sur le mélange aux œufs. Reversez dans la casserole sur feu doux et n'arrêtez pas de mélanger. Incorporez la feuille de gélatine essorée. Retirez du feu et incorporez le beurre coupé en morceaux. Mixez pour homogénéiser la crème. Laissez refroidir et incorporez le basilic, puis coulez sur la pâte sucrée.

Réservez au frais pour 4 heures au minimum.

Zestez le citron vert sur la tarte.

Dans *La Force de l'âge*, Simone de Beauvoir nous rappelle que « *la fête est avant tout une ardente apothéose du présent, en face de l'inquiétude de l'avenir* ».

PART. IX

Délices pour célibataires

Délices pour célibataires

ALI REBEIHI

Oublions le cliché du célibataire errant au rayon surgelés du supermarché en quête d'une barquette de paella industrielle à réchauffer au four à micro-ondes, épigone du anti-héros dépressif d'*Extension du domaine de la lutte*, de Michel Houellebecq. Prendre un repas tout seul peut devenir un plaisir de premier ordre, à la manière du personnage du roman graphique *Le Gourmet solitaire*, de Jirô Taniguchi et Masayuki Kusumi, qui se délecte de plats dégustés seul dans des restaurants populaires.

Prendre soin de soi sans pression, sans contraintes et sans culpabilité. Plaisir égoïste de ne pas partager, de ne pas s'expliquer sur ses préférences, choisir son horaire à sa guise, manger à son rythme, dans la tenue et la position qui nous plaisent. Profiter de ce repas en solo pour déconnecter, se repaître du silence, déguster en paix.

Et pourquoi pas méditer à table, prendre conscience de chaque bouchée, mastiquer avec soin, explorer les saveurs, parfums, flaveurs, textures, consistances ? Selon le psychothérapeute Hervé Magnin, « prendre du temps pour être seul est une source d'épanouissement, car on prend de la distance par rapport à ce qu'il se passe dans le monde, dans sa vie. Cela favorise une certaine qualité d'introspection ». Profiter de cette solitude pour « s'envelopper dans le cocon de son âme, se faire chrysalide et attendre la métamorphose, car elle arrive toujours ». Ces mots de Strindberg devraient être au menu de ces repas en solo.

Manger seul, à l'abri des regards, c'est aussi s'adonner à des réjouissances régressives où l'on peut faire un repas de desserts ou de fromages, comme le ferait sans doute la sainte patronne des célibataires, Bridget Jones !

”

**Manger seul,
à l’abri des regards,
c’est aussi s’adonner
à des réjouissances
régressives où l’on peut
faire un repas de desserts
ou de fromages, comme
le ferait sans doute
la sainte patronne des
célibataires, Bridget Jones !**

“

Ali Rebeihi

Linguine carbonara

GRÉGORY COHEN

1	10 min	10 min
PERSONNE	PRÉPARATION	CUISSON

LE + DU CHEF

Pour connaître le ratio entre l'eau, le sel et les pâtes : 1/10/100, à savoir 1 l d'eau pour 10 g de gros sel et 100 g de pâtes. Conservez les blancs d'œufs et réutilisez-les pour les guimauves à la fleur d'oranger (voir p. 99) par exemple.

INGRÉDIENTS

100 g de linguine
10 g de gros sel

Pour la sauce

35 g de pecorino (ou tout autre fromage à pâte dure)
4 tranches fines de lard guanciale (ou de pancetta)
2 jaunes d'œufs

Dans une casserole, faites bouillir 1 litre d'eau. À première ébullition, ajoutez le gros sel. Ajoutez les pâtes et faites cuire selon le temps indiqué sur le paquet. Prélevez une demi-louchée d'eau de cuisson pour la sauce. Arrêtez la cuisson 1 minute avant le temps indiqué. Égouttez les pâtes.

Préparez la sauce

Dans une poêle, sur feu doux, versez la demi-louchée d'eau de cuisson, le pecorino ou le fromage à pâte dure râpé finement qui va fondre. Ajoutez 1 jaune d'œuf en mélangeant, puis les pâtes qui vont terminer leur cuisson, se nourrir et s'imbiber de cette sauce.

Disposez les pâtes dans une assiette creuse. Tombez le lard cru dessus (il va cuire avec la chaleur des pâtes) et posez une demi-coquille d'œuf avec le second jaune dedans. Râpez du fromage autour et dégustez !

Caviar d'aubergines

GRÉGORY COHEN

1 PERSONNE | **5** min PRÉPARATION | **30** min CUISSON

LE + DU CHEF

**Si vous n'avez pas de tahini, remplacez-le par de l'huile de sésame.
Ce caviar d'aubergines se conserve filmé au contact 3 jours au réfrigérateur.**

INGRÉDIENTS

- 2 aubergines
- 1 gousse d'ail
- Le jus de 1/2 citron
- 1 cuil. à soupe de tahini (crème de sésame que l'on peut remplacer par de l'huile de sésame, plus facile à trouver)
- 1/4 d'oignon rouge
- 1 branche de persil plat
- Huile d'olive
- Sel et poivre

Préchauffez le four à 200 °C (th. 6-7).

Nettoyez puis essuyez les aubergines. Piquez-les avec une fourchette. Mettez-les sur une plaque recouverte de papier aluminium et faites-les griller 30 minutes dans le four. Retournez-les de temps en temps, pour que chaque côté noircisse. Retirez-les et laissez-les tiédir dans le papier aluminium puis retirez leur peau.

Dans un bol, écrasez la chair des aubergines à la fourchette.

Épluchez la gousse d'ail. Dans un autre récipient, hachez-la le plus finement possible en la mélangeant avec le tahini et le jus de citron.

Incorporez cette sauce à la chair des aubergines, mélangez à nouveau. Assaisonnez avec du sel et du poivre.

Parsemez d'oignon rouge et de persil plat finement ciselés, et faites couler un généreux filet d'huile d'olive.

Croustillants de poulet

GRÉGORY COHEN

1	12 min	3 à 4 min
PERSONNE	PRÉPARATION	CUISSON

LE + DU CHEF

Assaisonnez les nuggets à votre convenance en remplaçant le paprika par du curry, du zaatar ou toute autre épice. Remplacez les flocons d'avoine par du parmesan. Si vous avez du temps, faites mariner le poulet avant de le paner. Pour une cuisson à cœur parfaite du poulet, couvrez la poêle.

INGRÉDIENTS

1 blanc de poulet
1 œuf
30 g de farine
15 g de chapelure
15 g de flocons d'avoine ou de maïs
1/4 de cuil. à café de paprika
1/4 de cuil. à café de sel
1/4 de cuil. à café de poivre
Huile

Détaillez le blanc de poulet pour lui donner la forme de nuggets.

Dans une assiette creuse, mélangez la farine, le paprika, le sel et le poivre.

Dans une autre assiette creuse, battez l'œuf.

Dans une troisième assiette creuse, mélangez la chapelure et les flocons d'avoine.

Trempez les morceaux de blanc de poulet dans le mélange de farine, puis dans les œufs et enrobez-les de chapelure.

Faites-les frire 3 à 4 minutes à la poêle ou à la friteuse jusqu'à ce qu'ils soient colorés uniformément.

”

Et pourquoi pas méditer à table, prendre conscience de chaque bouchée, mastiquer avec soin, explorer les saveurs, parfums, flaveurs, textures, consistances ?

“

Riz pilaf

GRÉGORY COHEN

1	10 min	20 min
PERSONNE	PRÉPARATION	CUISSON

INGRÉDIENTS

- 100 g de riz long (thaï ou basmati)
- 25 cl de bouillon de volaille
- 75 g d'oignon (1 oignon moyen)
- 30 g de beurre
- 25 g de noisettes décortiquées
- 1/4 de cuil. à café d'huile de tournesol
- Thym et laurier
- Sel

Préchauffez le four à 180 °C (th. 6).

Étalez les noisettes sur une plaque et faites-les torréfier environ 12 minutes à mi-hauteur du four. À la fin de la torréfaction, sortez les noisettes, mais laissez le four allumé.

Coupez l'oignon finement et faites-le suer avec l'huile et 20 g de beurre dans une cocotte. Versez le riz, faites-le cuire jusqu'à ce qu'il devienne translucide.

Salez, versez le bouillon et ajoutez les herbes aromatiques. Portez rapidement à ébullition puis retirez du feu.

Couvrez et enfournez pour 15 minutes.

Sortez le riz du four et ajoutez 10 g de beurre. Mélangez.

Concassez les noisettes. Parsemez-en le riz afin de former une sorte de croûte et remettez au four pour 5 minutes.

Oublions le cliché du célibataire errant au rayon surgelés du supermarché en quête d'une barquette de paella industrielle à réchauffer au four à micro-ondes.

Tartare de tomates, avocats et oignon rouge

GRÉGORY COHEN

1 PERSONNE

15 min PRÉPARATION

INGRÉDIENTS

2 tomates séchées
1 avocat bien mûr
1/2 tomate rouge
1/2 tomate verte zebra
1/2 tomate jaune ananas
1/2 tomate noire de Crimée
1/4 d'oignon blanc
1/4 d'oignon rouge
1/4 de concombre
Le jus de 1/4 de citron vert
2 à 5 gouttes de Tabasco®
2 cuil. à soupe de coriandre finement ciselée
1/4 de cuil. à café de sel
Quelques gouttes de vinaigre de cidre
Persil plat
Huile d'olive

Émincez finement l'oignon blanc et coupez la demi-tomate rouge en petits dés.

Récupérez la chair de l'avocat. Dans un bol, écrasez-la à l'aide d'une fourchette. Ajoutez le jus de citron vert, l'oignon blanc, la tomate rouge en dés, le Tabasco®, la coriandre et le sel. Mélangez et réservez.

Épluchez, épépinez puis coupez le concombre en petits dés.

Lavez, équeutez et découpez les demi-tomates restantes en petits cubes de même taille que le concombre. Mélangez-les au concombre dans un bol et réservez.

Prenez soin de récupérer l'eau de tomate et de concombre. Filtrez-la, mettez une goutte de vinaigre pour un peu d'acidité et ajoutez à la préparation avocat.

Émincez finement l'oignon rouge.

Mélangez les tomates, le concombre et l'oignon rouge à l'avocat ce qui va permettre de les faire tenir.

Placez ce mélange dans un emporte-pièce circulaire ou un petit moule préalablement huilé pour lui donner le volume d'un tartare.

Découpez les tomates séchées en 2 et disposez-les sur le tartare avec quelques feuilles de persil plat et un filet d'huile d'olive.

Poire pochée au lait d'amande

GRÉGORY COHEN

1	30min	15min
PERSONNE	PRÉPARATION	CUISSON

LE + DU CHEF

Remplacez le lait d'amande par la boisson végétale de votre choix. Réutilisez la gousse de vanille pour un sucre vanillé maison (voir recettes de base p. 191).

INGRÉDIENTS

1 poire
25 cl de lait d'amande
10 g de chocolat noir
Caramel liquide (voir recettes de base p. 193)
1/2 gousse de vanille
Poivre du moulin

Fendez la demi-gousse de vanille en 2. Grattez et récupérez les graines, conservez la gousse.

Épluchez la poire en gardant la tige.

Portez à ébullition le lait d'amande avec la demi-gousse de vanille égrainée.

Baissez le feu, ajoutez la poire et faites cuire à couvert à frémissement pendant environ 15 minutes.

La poire doit être fondante.

Retirez du feu et laissez la poire refroidir dans le lait d'amande. Déposez-la dans une assiette.

Faites couler le caramel sur la poire, râpez des copeaux de chocolat noir et donnez un quart de tour de moulin à poivre.

”

Profiter de ce repas en solo pour déconnecter, se repaître du silence, déguster en paix..

“

Palets aux raisins

GRÉGORY COHEN

12	15 min	30 min	20 min
PALETS	PRÉPARATION	REPOS	CUISSON

LE + DU CHEF

Conservez la gousse de vanille, faites-la sécher et utilisez-la pour un sucre vanillé maison (voir recettes de base p. 191).
Conservez les palets dans une boîte hermétique avec un morceau de sucre pour absorber l'humidité.

INGRÉDIENTS

100 g de raisins secs (blonds ou bruns)
100 g de farine
100 g de beurre pommade
100 g de sucre
2 œufs
6 cl de rhum
1/2 gousse de vanille

Faites mariner les raisins dans le rhum pendant 30 minutes. Égouttez-les.

Préchauffez le four à 160 °C (th. 5-6).

Ouvrez et grattez la demi-gousse de vanille, ajoutez les graines au beurre pommade et mélangez avec le sucre dans un cul-de-poule.

Ajoutez les œufs entiers, la farine, les raisins et fouettez énergiquement pour que l'appareil soit bien homogène.

Sur une plaque recouverte de papier sulfurisé ou d'une toile de cuisson, disposez la pâte à l'aide d'une cuillère à café en tas d'environ 3 cm de diamètre espacés les uns des autres. Attention les palets vont s'étaler avec la chaleur.

Enfournez pour 20 minutes. Les palets sont cuits lorsqu'ils sont dorés aux extrémités.

Sortez du four et laissez refroidir avant de déguster.

Ces palets se conservent une semaine dans une boîte hermétique à l'abri de l'humidité.

PART. X

Recettes de base

G

PÂTES

RECETTES DE BASE SALÉES

RECETTES DE BASE SUCRÉES

Pâtes

GRÉGORY COHEN

Pâte sucrée

10 min PRÉPARATION — **30 min** REPOS — **25 min** CUISSON

INGRÉDIENTS

- 140 g de farine T55
- 80 g de beurre doux coupé en morceaux
- 50 g de sucre glace
- 15 g de poudre de noisettes
- 1/2 œuf battu (25 g)

Dans un saladier, mélangez tous les ingrédients, sauf l'œuf. Sablez du bout des doigts jusqu'à ce qu'il n'y ait plus de morceaux de beurre. Ajoutez le demi-œuf battu. Mélangez bien pour obtenir une pâte homogène et placez-la au frais 30 minutes filmée au contact.

Étalez la pâte puis foncez-la dans un moule à tarte de 18 cm de diamètre. Enfournez pour 25 minutes à 160 °C (th. 5-6). Laissez refroidir.

Pâte brisée

10 min PRÉPARATION — **1 h** REPOS

INGRÉDIENTS

- 250 g de farine
- 125 g de beurre pommade
- 50 g d'eau froide
- 1 jaune d'œuf
- 1 pincée de sel

Dans un saladier, mélangez la farine, le sel et le beurre jusqu'à obtention d'une texture sableuse. Ajoutez le jaune d'œuf, l'eau et mélangez. Boulez la pâte et laissez-la reposer 1 heure sous un torchon à température ambiante.

Étalez la pâte, elle sera plus ou moins épaisse en fonction de la taille de votre moule.

Pâte sablée

10 min
PRÉPARATION

15 min
PRÉCUISSON

INGRÉDIENTS

- 250 g de farine
- 125 g de beurre coupé en petits cubes
- 60 g de sucre glace
- 30 g d'eau minérale
- 1 jaune d'œuf
- 1 pincée de sel

Dans un saladier, mélangez en malaxant avec les mains la farine et le beurre jusqu'à obtention d'une texture de sable. Incorporez le sucre glace.

Dans un bol, mélangez l'eau, l'œuf et le sel et ajoutez-les à la préparation précédente. Formez une boule et placez-la emballée dans du papier cellophane pendant 45 minutes environ au réfrigérateur.

Étalez puis foncez la pâte dans votre moule. En fonction de votre recette, faites précuire votre pâte à blanc au four à 180 °C (th. 6) pendant 15 minutes, ou faites-la directement cuire avec votre appareil à tarte.

Pâte à tarte rapide

10 min
PRÉPARATION

30 min
REPOS

INGRÉDIENTS

- 180 g de farine
- 70 g de sucre glace
- 70 g de beurre pommade
- 3 jaunes d'œufs
- 1/2 gousse de vanille ou 1/2 cuil. à café de vanille en poudre
- 2 pincées de fleur de sel ou de sel fin

Dans un saladier, tamisez la farine, le sucre glace, les graines de la gousse grattée ou la vanille en poudre et la fleur de sel. Mélangez avec le beurre pommade à la main pour sabler la pâte. Lorsqu'il ne reste plus de gros morceaux de beurre, incorporez les jaunes d'œufs.

Boulez la pâte et réservez-la filmée au contact au frais pendant 30 minutes.

Abaissez la pâte sur 3 mm d'épaisseur et foncez un moule ou un cercle.

Enfournez à blanc à 160 °C (th. 5-6) pendant environ 10 minutes. Laissez refroidir.

Recettes de base salées

GRÉGORY COHEN

Béchamel

5 min PRÉPARATION

10 min CUISSON

INGRÉDIENTS

50 cl de lait

100 g de farine

90 g de beurre

Noix de muscade

Dans une casserole, mettez à fondre le beurre puis ajoutez la farine. Faites cuire à feu doux en remuant pendant environ 4 minutes.

Versez le lait en plusieurs fois sans arrêter de mélanger. Râpez un peu de noix de muscade. Poursuivez la cuisson jusqu'à obtention d'une consistance épaisse, nappante.

(Variante) Béchamel au fromage

INGRÉDIENTS

50 cl de lait

100 g de farine

100 g d'emmental râpé
ou 50 g de parmesan râpé
ou 50 g de pecorino râpé

90 g de beurre

Noix de muscade

Dans une casserole, mettez à fondre le beurre puis ajoutez la farine. Faites cuire à feu doux en remuant pendant environ 4 minutes.

Versez le lait en plusieurs fois sans arrêter de mélanger. Râpez un peu de noix de muscade et ajoutez le fromage râpé. Poursuivez la cuisson jusqu'à obtention d'une consistance épaisse, nappante.

Mayonnaise

10 min
PRÉPARATION

LE + DU CHEF
Pour alléger la mayonnaise, vous pouvez la détendre avec un peu de fromage blanc ou de yaourt grec.

INGRÉDIENTS

- 1 jaune d'œuf
- QS de moutarde de Dijon à température ambiante
- QS d'huile neutre

Dans un saladier, mélangez le jaune d'œuf et la moutarde de Dijon à température ambiante puis battez à vitesse constante à l'aide d'une fourchette ou d'un fouet. Montez la mayonnaise au fur et à mesure en ajoutant l'huile en filet jusqu'à obtenir la bonne texture.

Sauce tomate

10 min
PRÉPARATION

1 h
CUISSON

LE + DU CHEF
**Pour éviter les éclaboussures et obtenir une sauce tomate corsée, couvrez la casserole d'un papier cuisson percé en son centre.
La sauce tomate se conserve au congélateur 3 à 6 mois, soit sous la forme de glaçons filmés au contact ou dans des gobelets avec un film alimentaire au contact.**

INGRÉDIENTS

- 500 g de pulpe de tomates (ou tomates en boîte) ou 4 grosses tomates
- 10 cl d'huile d'olive
- 1 gousse d'ail
- 2 cuil. à soupe de concentré de tomate
- 1 cuil. à café de sucre
- 1 cuil. à café de sel

Dans une casserole sur feu vif, versez l'huile d'olive. Ajoutez le concentré de tomate et laissez-le colorer jusqu'à ce qu'il devienne rouge brun. Ajoutez le sucre et le sel, mélangez. Ajoutez les tomates coupées en morceaux ou la pulpe de tomates et la gousse d'ail. Baissez le feu et laissez mijoter 1 heure.

La sauce tomate se conserve 3 à 5 jours au réfrigérateur.

Recettes de base salées

GRÉGORY COHEN

Leche de tigre

10 min
PRÉPARATION

LE + DU CHEF
**Il faut environ 10 cl de *leche de tigre* pour 100 g de poisson.
Vous pouvez congelez la *leche* sous la forme de glaçons ou dans des gobelets filmés au contact.
Elle se conserve 3 à 6 mois.**

INGRÉDIENTS
- 50 cl de fumet de poisson froid
- 40 cl de jus de citron vert
- 10 cl de lait de coco
- 50 g d'oignon rouge
- 25 g de céleri
- 2 gousses d'ail
- 1 piment rouge
- 5 tiges de coriandre
- 1 cuil. à soupe de sel
- 1 tour de moulin à poivre

Épépinez le piment. Pelez l'oignon et l'ail et coupez-les en 4.

Mixez l'ensemble des ingrédients. Passez le tout au chinois pour ne garder que le liquide. Ajoutez le sel, le poivre, et réservez au frais. La *leche de tigre* se conserve 3 à 5 jours au réfrigérateur.

Recettes de base sucrées

GRÉGORY COHEN

Sucre vanillé

INGRÉDIENTS
200 g de sucre blanc ou blond
1 gousse de vanille

Faites sécher la gousse de vanille et mixez-la avec du sucre blanc ou du sucre blond. Conservez votre sucre vanillé dans un bocal hermétique.

Sucre cannelle

INGRÉDIENTS
300 g de sucre
1 cuil. à soupe de cannelle moulue (environ 15 g)

Versez le sucre et la cannelle dans un bocal, mélangez. Laissez la cannelle infuser quelques jours avant d'utiliser votre sucre pour qu'il s'imprègne bien.

Crème mascarpone

15 min
PRÉPARATION

INGRÉDIENTS

350 g de crème liquide (à 35 % de matière grasse) bien froide

125 g de mascarpone

15 g de sucre glace

Dans un saladier, montez la crème liquide et le sucre glace. Ajoutez le mascarpone quand la crème commence à monter et continuez de fouetter en chantilly.

Crème Chantilly

4
PERSONNES

10 min
PRÉPARATION

LE + DU CHEF
Aromatisez la crème Chantilly avec du sucre vanillé.

INGRÉDIENTS

50 cl de crème liquide (à minimum 30 % de matière grasse) bien froide

50 g de sucre glace

Placez le bol de votre robot ou votre saladier au frais avant de préparer la chantilly, le froid va permettre de figer l'air encapsulé dans les molécules de matière grasse.

Dans un saladier, montez au fouet ou au batteur la crème liquide avec le sucre glace. La crème Chantilly est prête lorsqu'elle forme un bec d'oiseau sur le fouet.

Crème anglaise

5 min
PRÉPARATION

15 min
CUISSON

INGRÉDIENTS
1 l de lait
4 jaunes d'œufs
4 cuil. à soupe de sucre (1 par jaune)
1 orange non traitée

Dans un saladier, battez les jaunes et le sucre jusqu'à ce que le mélange blanchisse puis réservez.

Dans une casserole, faites chauffer le lait jusqu'à ce qu'il frémisse, râpez le zeste d'orange, puis ajoutez-le sans cesser de remuer sur le mélange jaunes/sucre.

Remettez sur feu moyen pendant au moins 5 minutes sans cesser de remuer jusqu'à ce que le mélange épaississe un peu. Laissez réduire en continuant de mélanger : la crème doit rester liquide, mais être nappante.

Laissez refroidir à température ambiante.

Caramel liquide

5 min
PRÉPARATION

10 min
CUISSON

INGRÉDIENTS
150 g de sucre
150 g de crème liquide
Les graines d'1 gousse de vanille

Réalisez un caramel à sec : dans une casserole très chaude, versez le sucre qui va fondre et se colorer rapidement.

Dans une autre casserole, portez à première ébullition la crème liquide et les graines de la gousse de vanille.

Mélangez les deux préparations en versant la crème dans le caramel à sec. Faites attention, car le caramel est à une température comprise entre 150 et 170 °C et le lait à 100 °C, il va y avoir un choc de température important. Mélangez au fouet et laissez réduire pour obtenir la consistance voulue, puis retirez du feu et laissez refroidir.

Index

Index

Index

Biographies

A

ALI REBEIHI

Ali Rebeihi est journaliste à France Inter et animateur sur France 2. Il anime l'émission *Grand bien vous fasse* sur France Inter depuis 2016 et présente *Bel & Bien* sur France 2 depuis 2021.

G

GRÉGORY COHEN

C'est à 13 ans que Grégory découvre sa passion pour la cuisine. À l'époque, il fait ses classes dans le restaurant familial *Le Galant Verre*, de la célèbre rue de Verneuil, à Paris. Il y apprendra la cuisine et la pâtisserie pendant dix ans. Il se lance ensuite dans une carrière internationale dans le numérique, mais quitte tout à 40 ans pour revenir à ce premier amour. Après avoir été l'un des premiers influenceurs *food* sous le pseudo Unomafu, Grégory ouvre rapidement son premier restaurant, puis lance un concept de pâtisserie haut de gamme baptisé Mon Éclair. Fort de son envie de partager, Grégory devient animateur de l'émission *Chéri(e), c' est moi le chef*, sur France 2. Depuis mars 2020, Grégory partage ses recettes tous les vendredis sur France Inter dans l'émission *Grand bien vous fasse* d'Ali Rebeihi. Chef successivement de 2 restaurants à Paris (*99 Haussmann* et *Môm' Art*), Grégory met aussi son expertise au service des entrepreneurs et des marques. Engagé et passionné, il est à l'initiative de la création du programme « Repas Toqué » avec l'association Princesse Margot, qui vise à améliorer la qualité de l'alimentation à l'hôpital. Soucieux de défendre le bien-manger et les filières locales, il est également, en 2020 et 2021, parrain de la Semaine du goût, et, depuis 2022, engagé auprès de l'Association Bleu-Blanc-Cœur.

Remerciements

A

ALI REBEIHI

Je remercie ma mère et ma grand-mère maternelle pour avoir développé chez moi ce goût de la cuisine simple, généreuse et gourmande.

Je remercie Grégory Cohen et Laurence Devillairs pour cette belle aventure amicale et éditoriale.

Je remercie l'équipe de *Grand bien vous fasse*.

G

GRÉGORY COHEN

À mes enfants, Zöé, Ambre, Salomé et Samuel. Vous êtes le soleil de ma vie, chaque fois que je vous regarde mon cœur fait des bonds !

À ma femme, Léo, mon ancre, mon phare, ma chérie. Je t'aime !

À ma mère, Michèle, la mama (je suis là).
À mon père, Gérard, le patriarche, et sa femme, Patricia.
À ma grand-mère chérie, maman Fanny, qui veille sur moi de là-haut avec grand-papa.
À ma sœur Magali, toujours présente pour moi, et que ça dure encore et toujours, et son mari Thierry.
À tous mes neveux et nièces que j'adore, Chloé, Vincent, Kelian, Ava, Adam, David, Simon, Alexandre, Zachari, Ellie-Hanna, Raphaela, Elliot, Shana, Mimi, Shayne Junior, Sasha, Suzanne et Elyah.
À mon ex-femme Joanne, qui m'a donné deux de mes quatre enfants, pour laquelle j'ai un profond respect.
À Nafsica et Joe, I don't know how you did it but you did it ! Esther, Michele, Patricia, Loulou, Laurent et Gian, parti trop tôt... Vous êtes de ma famille, toujours !
Aux autres, les ashké, Margaret, Pierre, François, Clémentine, Ben, Priscilla, Mickael, Dimitri et Myrtil. Vous êtes de ma famille maintenant !
Voilà, cher lecteur, si tu as lu jusqu'ici tu l'auras compris, la famille pour moi est ce qu'il y a de plus sacré, alors à tous, cousines, cousins... des milliards de bisous !
À mon témoin et ami pour la vie, Willy. Il est puissant, le chef;)
Et évidemment à mes amis qui se reconnaîtront, mais dont la liste serait trop longue à rédiger et la peur d'en oublier trop grande.

À Ali évidement, mon ami, une des belles rencontres de la vie, et à tous les auditeurs de France Inter qui nous suivent !

Aux Éditions de La Martinière :
Laure Aline, Laurence Devillairs, Jeanne Castoriano et Marine Laurençot, sans qui ce livre n'aurait pas vu le jour !

Département éditorial Art de vie

Directrice éditoriale : Laure Aline
Éditrice : Jeanne Castoriano
Assistante éditoriale : Marine Laurençot
Correction : Marie-Laure Bayle
Fabrication : Nathalie Voyer
Conception graphique et réalisation : Édouard Bonnefoy (contact@kontraste.fr)

ISBN : 978-2-7324-9707-5

Connectez-vous sur :
www.editionsdelamartiniere.fr
Instagram : @lamartiniere.cuisine

Photogravure : Les Caméléons
Dépôt légal : mai 2022
Achevé d'imprimer en mars 2022 sur les presses de Pollina
Imprimé en France